Integridad en las regiones peruanas

IMPLEMENTAR EL SISTEMA DE INTEGRIDAD

OCDE

MEJORES POLÍTICAS
PARA UNA VIDA MEJOR

Tanto este documento, así como cualquier dato y cualquier mapa que se incluya en él, se entenderán sin perjuicio respecto al estatus o la soberanía de cualquier territorio, a la delimitación de fronteras y límites internacionales, ni al nombre de cualquier territorio, ciudad o área.

Por favor, cite esta publicación de la siguiente manera:
OECD (2021), *Integridad en las regiones peruanas: Implementar el sistema de integridad*, Estudios de la OCDE sobre Gobernanza Pública, OECD Publishing, Paris, *https://doi.org/10.1787/6e2434be-es*.

ISBN 978-92-64-28457-9 (impresa)
ISBN 978-92-64-97695-5 (pdf)

Estudios de la OCDE sobre Gobernanza Pública
ISSN 2414-3308 (impresa)
ISSN 2414-3316 (en línea)

Prólogo

La integridad es la piedra angular de la buena gobernanza, que configura las democracias, economías y sociedades. Coadyuva a lograr sectores públicos más eficientes, economías más productivas, sociedades más incluyentes e infundir mayor confianza pública. La crisis del COVID-19 subrayó la necesidad de la integridad para garantizar que la acción gubernamental en todos los niveles sea eficaz y beneficie a los necesitados. Lamentablemente, la crisis crea oportunidades para infringir la integridad y agudizar el fraude y la corrupción, en particular en la contratación pública, los paquetes de incentivos económicos y los programas de bienestar social. Sin un sistema de integridad coherente que pueda identificar y mitigar las vulnerabilidades tanto a nivel central como subnacional, la corrupción puede florecer durante la crisis y socavar la recuperación económica y social de un país, así como su resiliencia a largo plazo.

En el Perú, el Plan Nacional de Integridad y Lucha contra la Corrupción 2018-2021 establece una ruta clara para crear un sistema de integridad coherente. Destaca el papel crucial de los gobiernos regionales para incorporar la integridad como un aspecto dominante en todo el país. El Plan aprovecha el análisis y las recomendaciones del *Estudio de la OCDE sobre integridad en el Perú* de 2016, que propone una visión estratégica de la integridad y medidas para infundir la integridad como un aspecto dominante en todo el gobierno y la sociedad. Para lograr esta meta, el Perú encomendó a todas sus entidades públicas, incluidos los gobiernos regionales, que establecieran una función de integridad. Si bien esto es un progreso importante, garantizar su ejecución es más difícil, sobre todo a nivel regional y municipal.

El informe apoya una mejor comprensión de la integridad pública y sus beneficios para los gobiernos entre los dirigentes políticos regionales. Orienta a la Secretaría de Integridad Pública y a otras instancias nacionales en la aplicación de una función de integridad en las regiones de manera estratégica y sustentada en prioridades que fomente el compromiso y la pertenencia. Además, el informe recalca que las Comisiones Regionales Anticorrupción son instancias fundamentales que deben fortalecerse para controlar con éxito la corrupción en las regiones peruanas.

En sí, el informe aprovecha la *Recomendación del Consejo de la OCDE sobre Integridad Pública* para establecer responsabilidades explícitas para la integridad en todos los niveles de gobierno. De hecho, la amplitud de las responsabilidades, los criterios para la planeación y otorgamiento de licencias y la proximidad cercana con los ciudadanos y usuarios de servicios gubernamentales sitúan a los gobiernos subnacionales en una conjunción excepcional de desafíos de integridad. Es frecuente que en este nivel se forje o se pierda la confianza, dada la estrecha interacción entre el gobierno, el sector privado y los ciudadanos. Al mismo tiempo, las medidas oficiales de rendición de cuentas a veces son menos eficaces que a nivel nacional.

Establecer las funciones de integridad en los gobiernos regionales y propiciar que la Comisión Regional Anticorrupción cumpla con su mandato coadyuvará a incorporar la integridad en la gestión pública y fortalecerá eficazmente una cultura de integridad en todo el país. Es un paso explícito para prevenir la corrupción y el fraude, fortalecer la confianza de los ciudadanos y contribuir a un crecimiento incluyente en el Perú.

Agradecimientos

Este informe fue preparado por la División de Integridad del Sector Público de la Dirección de Gobernanza Pública de la OCDE, bajo la dirección de Julio Bacio Terracino. Fue coordinado y dirigido por Frédéric Boehm y redactado por Giulio Nessi y Felicitas Neuhaus. Maria Varinia Michalun del Centro de la OCDE para la Iniciativa Empresarial, las PYME, las Regiones y las Ciudades hizo comentarios y aportaciones esenciales. Meral Gedik, Balazs Gyimesi y Andrea Uhrhammer apoyaron la edición, el diseño y la producción del estudio. Se contó con el apoyo administrativo de Aleksandra Bogusz, Rania Haidar y Charles Victor. La traducción al español del estudio fue elaborada por Carmen Navarrete y editada por Rosana Vargas.

Agradecemos el apoyo técnico y financiero de la Cooperación Alemana para el Desarrollo, implementado por Deutsche Gesellschaft für Internationale Zusammenarbeit (GIZ) GmbH, en particular el apoyo del Programa Anticorrupción e Integridad, así como los comentarios hechos por el equipo del Programa Reforma del Estado Orientada a la Ciudadanía (Buena Gobernanza) en el Perú, dirigido por Mayra Ugarte y apoyado por Florian Schatz. La OCDE también agradece a Hartmut Paulsen, ex titular del Programa de Buena Gobernanza de la GIZ en el Perú, por su orientación y apoyo.

La OCDE expresa su agradecimiento al gobierno peruano, en particular a la Secretaría de Integridad Pública de la Presidencia del Consejo de Ministros (SIP), dirigida por Eloy Munive Pariona, Secretario de Integridad Pública, y a su equipo. La ex Secretaria de Integridad Pública, Susana Silva Hasembank, así como Cristina Arvildo, Fernando Hurtado y Vladimir León de dicha Secretaría apoyaron y coordinaron de manera importante las actividades del proyecto, incluida la misión investigadora efectuada en noviembre de 2019; además, proporcionaron orientación y comentarios a lo largo del proyecto. La OCDE también agradece a las instituciones y organizaciones que participaron en el proceso y aportaron información valiosa para elaborar el informe, en particular a los servidores de los gobiernos regionales que ejecutan la función de integridad y control, así como a quienes integran las Comisiones Regionales Anticorrupción de Cajamarca, Lambayeque y San Martín, a la Autoridad Nacional del Servicio Civil (SERVIR), la Secretaría de Descentralización y la Secretaría de Gestión Pública (SGP)—ambas de la Presidencia del Consejo de Ministros—, a la Contraloría General de la República (CGR) y a la Defensoría del Pueblo. La versión preliminar del informe se presentó y analizó durante una sesión virtual con la Secretaría de Integridad Pública y representantes de la función de integridad de los gobiernos regionales, celebrada el 17 de septiembre de 2020, así como durante una reunión virtual de la comunidad de cooperación internacional en el Perú efectuada el 2 de octubre de 2020. El informe también se benefició de las invaluables ideas y comentarios de Limberg Chero, Juan Carlos Cortés Carcelén, Fiorella Mayaute, Mirtha Muñiz, Carlos Vargas y Eduardo Vega.

El estudio fue aprobado por el Grupo de Trabajo de Altos Funcionarios de Integridad Pública de la OCDE (SPIO) el 3 de diciembre de 2020, y desclasificado por el Comité de Gobernanza Pública el 28 de diciembre de 2020.

Índice

GRÁFICOS

CUADROS

Siga las publicaciones de la OCDE en:

http://twitter.com/OECD_Pubs

http://www.facebook.com/OECDPublications

http://www.linkedin.com/groups/OECD-Publications-4645871

http://www.youtube.com/oecdilibrary

http://www.oecd.org/oecddirect/

Abreviaturas y acrónimos

AMPE	Asociación de Municipalidades del Perú
ANGR	Asamblea Nacional de Gobiernos Regionales
ARD	Agencia Regional de Desarrollo
CAN	Comisión de Alto Nivel Anticorrupción
CAS	Contrato Administrativo de Servicios
CEPLAN	Centro Nacional de Planeamiento Estratégico
CGR	Contraloría General de la República
CRA	Comisión Regional Anticorrupción
ENAP	Escuela Nacional de Administración Pública
ESAP	Escuela Superior de Administración Pública (Colombia)
EVA	Espacio Virtual de Asesoría (Colombia)
FODA	Fortalezas, Oportunidades, Debilidades y Amenazas
FP	Departamento Administrativo de la Función Pública (Colombia)
GIZ	Cooperación Alemana para el Desarrollo (*Deutsche Gesellschaft für Internationale Zusammenarbeit*)
GORE	Gobiernos Regionales
INEI	Instituto Nacional de Estadísticas e Informática
MEF	Ministerio de Economía y Finanzas
MPFN	Ministerio Público Fiscalía de la Nación
OCDE	Organización para la Cooperación y el Desarrollo Económicos
OCI	Órganos de Control Institucional
OII	Oficinas de Integridad Institucional
OSCE	Organismo Supervisor de Contrataciones del Estado
PC	Perú Compras (Central de Compras Públicas)
PCM	Presidencia del Consejo de Ministros
PNILC	Política Nacional de Integridad y Lucha contra la Corrupción 2018-2021
REMURPE	Red de Municipalidades Urbanas y Rurales del Perú
RH	Recursos Humanos

ROF	Reglamento de Organización y Funciones
SERVIR	Autoridad Nacional del Servicio Civil
SGP	Secretaría de la Gestión Pública
SIP	Secretaría de Integridad Pública
TI	Transparencia Internacional

Resumen ejecutivo

Los sistemas de integridad regionales en el Perú dependen de varias políticas públicas, instancias y mecanismos que operan a nivel central, regional y municipal. Aunque el Perú ha instituido una estrategia y un marco de coordinación formal, los gobiernos regionales siguen muy afectados por la corrupción. El nivel de aplicación de las políticas públicas y de actividad institucional en materia de integridad pública generalmente es limitado e incapaz de generar un efecto importante.

Una combinación de factores nacionales y regionales determina la corrupción en los gobiernos regionales

La Política Nacional de Integridad y Lucha contra la corrupción del Perú reconoce que las entidades subnacionales son las más afectadas por la corrupción, mientras que en estos niveles las medidas anticorrupción a menudo son limitadas. Por lo tanto, el Plan de Acción para 2018-2021 define varias acciones para los gobiernos regionales, que incluyen establecer una función de integridad encargada de articular y supervisar el marco de integridad que se aplicará en cada entidad (el "modelo de integridad").

Sin embargo, implementar la función y el modelo de integridad en los gobiernos regionales se está rezagando con respecto a las entidades del gobierno central. Hasta ahora, solo cinco regiones han designado una unidad o nombrado a una persona a cargo de la función de integridad. Las razones de esto son múltiples y se deben a varios factores contextuales y relacionados con los recursos, entre ellos la gran diversidad regional, problemas persistentes para completar el proceso de descentralización, el escaso conocimiento de los gobernadores sobre la pertinencia y los beneficios de las políticas de integridad, las políticas regionales, las limitaciones presupuestarias y el alto grado de rotación de personal.

Un método progresivo basado en prioridades, capacidad y riesgos de integridad podría promover una aplicación eficaz de la función de integridad regional

Aunque el marco jurídico vigente ya prevé diversas opciones para institucionalizar la función de integridad, la realidad a nivel regional exige un método progresivo y más individualizado que tome en cuenta las capacidades disponibles y los principales riesgos de integridad. La Secretaría de Integridad Pública (SIP) podría elaborar una matriz que se base en esos aspectos, asignando cada región a una categoría con una configuración institucional recomendada y una lista de las funciones que deberán priorizarse. Un método de ese tipo permitiría aplicar en forma gradual la función de integridad completa, centrándose en articular las políticas de integridad y en proporcionar orientación estratégica a los dirigentes, en especial al gobernador. Las tareas mínimas que deben garantizarse en todos los gobiernos regionales incluyen identificar los riesgos de integridad, proponer políticas de integridad concretas y supervisar la implementación del modelo de integridad.

Además, cada gobierno regional debe definir cierto número de áreas prioritarias en las que deberán aplicarse las políticas de integridad. Esto podría efectuarse mediante una evaluación de las fortalezas y debilidades internas y de las oportunidades y amenazas externas del gobierno regional. Por ejemplo, las áreas prioritarias podrían incluir salvaguardar lo logrado en los objetivos de política pública relacionados con los Objetivos de Desarrollo Sostenible (ODS), la minería, salud, educación o infraestructura.

La función de integridad aumenta la influencia de las Comisiones Regionales Anticorrupción

Siguiendo el modelo de la Comisión de Alto Nivel Anticorrupción (CAN), las Comisiones Regionales Anticorrupción (CRA) incluyen a diversas partes interesadas de los sectores público y privado. Si bien este diseño busca coordinar los trabajos a nivel regional, la experiencia hasta ahora muestra que las CRA solo tienen una influencia limitada. Su influencia a menudo es debilitada por la dinámica política, los conflictos entre los miembros y que no se garantice la aportación técnica pertinente, se institucionalice el trabajo o se centre la atención en la prevención y las prioridades estratégicas.

Para enfrentar estos desafíos, las CRA podrían involucrar a otras instancias regionales que supervisen procesos y riesgos clave (como en la contratación pública), unificar reglamentos internos y garantizar la participación continua, en particular mediante el nombramiento de puntos de contacto técnico en todas las organizaciones participantes. De manera fundamental, la función de integridad podría designarse como la secretaría técnica de las Comisiones Regionales Anticorrupción para aprovechar su mandato de integridad en los gobiernos regionales, evitar la duplicación de trabajos y asegurar la coherencia con la política nacional. Es más, podría fungir como enlace entre el gobierno regional, la CRA, la Comisión de Alto Nivel Anticorrupción y la SIP para informar sobre el progreso y las buenas prácticas, pero también para solicitar asistencia técnica y apoyo político.

Instancias nacionales también pueden apoyar la integridad regional

Conforme al modelo institucional descentralizado del Perú, varias instancias nacionales tienen influencia directa e indirecta en los sistemas y políticas de integridad de los gobiernos regionales y, por ende, pueden apoyar a la función y al sistema de integridad a nivel regional.

Considerando las limitadas capacidades y recursos en las regiones, la Secretaría de Integridad Pública podría aumentar a escala el apoyo existente a los gobiernos regionales. En particular, podría movilizar un compromiso de alto nivel al ilustrar y aclarar conceptos de integridad pública y hacer notar los beneficios económicos, sobre todo en el contexto de la emergencia actual del COVID-19. La SIP también podría fortalecer las capacidades del personal que trabaje en la función de integridad en las regiones y promover el diálogo entre las funciones de integridad. Actualmente, ese intercambio solo tiene lugar de manera informal y ocasional.

A su vez, la Comisión de Alto Nivel Anticorrupción (CAN) podría proporcionar dirección estratégica para fortalecer las secretarías técnicas de las CRA mediante una estrategia de desarrollo de capacidades y un mecanismo que asegure el intercambio de información y experiencias entre las regiones para mejorar el aprendizaje mutuo en materia de riesgos, logros y temas prioritarios. La CAN también podría albergar una plataforma de monitoreo y hacer evaluaciones comparativas de la integridad pública en las regiones mediante indicadores que midan, por ejemplo, la aplicación y el resultado de las funciones de integridad y de las Comisiones Regionales Anticorrupción. Como en las regiones los actores sociales a menudo desconocen los trabajos e iniciativas en materia de integridad, la CAN podría apoyar a las Comisiones Regionales Anticorrupción promoviendo cursos de capacitación en línea sobre políticas de integridad pública y sus beneficios en estrecha colaboración con universidades y la sociedad civil a nivel regional.

Por último, la Presidencia del Consejo de Ministros también podría promover trabajos de coordinación y brindar apoyo concreto a los sistemas de integridad regionales. En particular, la creación de Agencias

Regionales de Desarrollo (ARD) es una oportunidad para impulsar el proceso de descentralización, pero también entraña diversos riesgos de integridad. En sí, la función de integridad regional podría proporcionar asesoría a las ARD para identificar y moderar esos riesgos de integridad, en especial los relacionados con la influencia indebida en los procesos de toma de decisiones o los casos de conflicto de interés.

1 Introducción

Este capítulo ofrece una introducción al informe. Destaca las características políticas y geográficas claves del Perú y hace un llamado a la necesidad de fortalecer las políticas de integridad de los Gobiernos Regionales, con el objetivo de construir subsistemas de integridad coherentes y alineados con el sistema nacional de integridad.

El Perú es un estado unitario, cuya superficie aproximadamente duplica la de Francia, con un sistema subnacional de dos niveles integrado por 24 regiones y la provincia constitucional de Callao, 1 874 municipalidades distritales y 196 municipalidades provinciales. Las municipalidades provinciales tienen un papel de coordinación entre las municipalidades distritales. En conjunto, el Perú tiene un sistema complejo de competencias exclusivas y compartidas entre los tres niveles de gobierno (nacional, regional y municipal).

En términos generales, el territorio puede dividirse en tres zonas, la costa, la sierra y la selva, y cada una tiene ciertas características geográficas y sociodemográficas en común. No obstante, las 24 regiones y la provincia constitucional tienen diferentes niveles de desarrollo y enfrentan distintos desafíos en materia de integridad. Ampliar un marco para una regulación de alta calidad en todos los niveles de gobierno es un desafío para todos los países y solo puede lograrse si estos toman en cuenta las diversas necesidades subnacionales y las particularidades de los niveles inferiores de gobierno (Rodrigo, Allio and Andres-Amo, 2009[1]).

Esto también se aplica a la implementación de un sistema de integridad pública en todos los niveles gubernamentales, como lo promueve la *Recomendación del Consejo de la OCDE sobre Integridad Pública* (OCDE, 2017[2]). De hecho, y como se analiza en detalle en la sección "Los gobiernos regionales y locales son muy vulnerables a la corrupción" en el capítulo 2, las entidades subnacionales del Perú experimentan problemas de integridad específicos y altos riesgos de corrupción, al igual que en otros países de América Latina y en todo el mundo (OCDE, 2019[3]; OCDE, 2018[4]). Por ejemplo, según la Procuraduría Pública Especializada en Delitos de Corrupción, 67 gobernadores y ex gobernadores estuvieron sujetos a investigación en 2017 por delitos de corrupción (Procuraduría Pública Especializada en Delitos de Corrupción, 2017[5]).

Esta situación subraya la necesidad de que los gobiernos regionales del Perú refuercen sus trabajos de integridad y construyan sistemas de integridad coherentes que vayan a la par del sistema de integridad nacional. Aunque oficialmente existe un marco exhaustivo para los subsistemas regionales de integridad pública, en la práctica el nivel de aplicación de las políticas públicas y de actividad institucional varía de una región a otra y depende de varios factores contextuales y relacionados con los recursos, como las vulnerabilidades predominantes en materia de integridad, la disponibilidad de recursos financieros y humanos y sus capacidades, el compromiso político y similares. La Política Nacional de Integridad y Lucha contra la Corrupción (PNILC) reconoce el alcance limitado de las medidas para combatir la corrupción a nivel regional y local, también ante la evidencia de que las entidades subnacionales son las más afectadas por este flagelo.

Al aprovechar el estudio anterior realizado por la OCDE con el Perú en materia de integridad, este informe se centra en la realidad regional, evaluando los principales desafíos que obstaculizan la implementación de sistemas de integridad a nivel regional en el contexto peruano. Además, propone un método realista y progresivo para que los gobiernos regionales implementen la función de integridad. Así mismo, el informe aborda cómo esa función de integridad podría apoyar al mecanismo de coordinación regional de lucha contra la corrupción instituido en cada región, las Comisiones Regionales Anticorrupción (CRA), que hasta ahora sólo han demostrado un progreso y efecto limitados. El enfoque regional del informe no subestima otros desafíos, instancias y perspectivas clave a nivel subnacional, como los de las municipalidades, sino que su intención es abordar los riesgos de integridad y la posible estrategia en el eslabón más débil del sistema de gobierno del Perú (OCDE, 2016[6]). Aunque en los últimos veinte años el Perú ha logrado enormes avances en materia de descentralización política, el proceso no se ha completado del todo y el nivel regional se ha visto muy afectado por omisiones y deficiencias.

Aunque el análisis del informe se basa de manera contundente en los desafíos y el contexto regionales, el punto de vista que se tomó para elaborar las recomendaciones es el nacional, ya que la política nacional de integridad y las obligaciones de integridad conexas deben aplicarse por igual en las regiones, dirigidas por la Secretaría de Integridad Pública (SIP). Además, las instancias nacionales siguen ejerciendo una fuerte influencia en la política y las políticas públicas regionales y deben promover un entorno propicio para la integridad. Desde esta perspectiva, la Secretaría de Integridad Pública tiene la misión esencial de articular tanto la coordinación horizontal entre las entidades nacionales como la implementación del sistema de integridad nacional a nivel regional.

Referencias

OCDE (2019), *La Integridad Pública en América Latina y el Caribe 2018-2019: De Gobiernos reactivos a Estados proactivos*, OCDE, París, http://www.oecd.org/gov/integridad/integridad-publica-en-america-latina-caribe-2018-2019.htm (consultado el 25 de febrero de 2020). [3]

OCDE (2018), *Integridad para el buen gobierno en América Latina y el Caribe: De los compromisos a la acción*, OECD Publishing, París, https://dx.doi.org/10.1787/9789264307339-es. [4]

OCDE (2017), *Recomendación del Consejo de la OCDE sobre Integridad Pública*, OECD/LEGAL/0435, https://legalinstruments.oecd.org/en/instruments/OECD-LEGAL-0435. [2]

OCDE (2016), *OECD Territorial Reviews: Peru 2016*, OECD Territorial Reviews, OECD Publishing, París, https://dx.doi.org/10.1787/9789264262904-en. [6]

Procuraduría Pública Especializada en Delitos de Corrupción (2017), *Sospecha generalizada de corrupción contra gobernadores y alcaldes del país*, https://plataformaanticorrupcion.pe/wp-content/uploads/2017/07/INFORME-CORRUPCION-SOBRE-GOBERNADORES-Y-ALCALDES.pdf (consultado el 6 de noviembre de 2020). [5]

Rodrigo, D., L. Allio and P. Andres-Amo (2009), "Multi-Level Regulatory Governance: Policies, Institutions and Tools for Regulatory Quality and Policy Coherence", *OECD Working Papers on Public Governance*, No. 13, OECD Publishing, París, https://dx.doi.org/10.1787/224074617147. [1]

2 Fortalecer la integridad en las regiones del Perú

Aunque la integridad es una preocupación en todos los niveles de gobierno, las oportunidades para ciertos tipos de riesgos de corrupción suelen ser más pronunciadas en los niveles subnacionales. A su vez, el fortalecimiento de la integridad contribuye a maximizar el potencial de las entidades subnacionales en la actividad empresarial, la recaudación de ingresos y las inversiones privadas y públicas. En el Perú, existe un marco para los sistemas regionales de integridad pública. En la práctica, sin embargo, el nivel de implementación varía de una región a otra y depende de varios factores nacionales y de factores relacionados con el contexto y los recursos disponibles.

Los gobiernos regionales y locales son muy vulnerables a la corrupción

Los gobiernos subnacionales (regiones, municipalidades, etc.) pueden ser agentes que impulsen la innovación, el desarrollo económico y la productividad; y también desempeñar un papel fundamental en la promoción del capital social y el bienestar. Sin embargo, las estructuras de gobernanza deficientes pueden socavar su capacidad para hacerlo. Los puntos vulnerables en los procesos y estructuras de gobernanza causados por la falta de integridad, transparencia y rendición de cuentas ofrecen oportunidades para las prácticas corruptas y la captura de políticas públicas. Al mismo tiempo, quienes se benefician de la corrupción tienen incentivos para mantener el *statu quo* y socavar las reformas eficaces. De este modo, la corrupción se perpetúa y agudiza las deficiencias en la gobernanza. La falta de integridad socava la capacidad institucional del gobierno subnacional para que preste servicios públicos eficazmente y obstaculiza el diseño y aplicación de políticas públicas eficaces. Al mismo tiempo, cuando los ciudadanos no perciben que su gobierno trabaja en aras del interés público ni presta servicios públicos de manera eficaz, la confianza pública puede socavarse (OCDE, 2018[1]).

A su vez, fortalecer la integridad puede moderar el riesgo de corrupción y la captura de políticas públicas contribuyendo así a maximizar el potencial pleno de un área subnacional en la actividad comercial, la recaudación de ingresos, así como en las inversiones públicas y privadas nacionales y extranjeras. De modo parecido, el nivel subnacional puede dar el ejemplo para (volver a) infundir confianza y combatir amenazas, como la delincuencia organizada (OCDE, 2018[1]).

Si bien la integridad es motivo de preocupación en todos los niveles de gobierno, las oportunidades para ciertos tipos de corrupción pueden ser más acusadas en los niveles subnacionales. La mayor frecuencia y cercanía de las interacciones entre autoridades de los gobiernos subnacionales con los ciudadanos y las empresas en comparación con el nivel nacional pueden crear tanto oportunidades —sobre todo al facilitar la rendición de cuentas a nivel subnacional— como riesgos para la integridad. Las responsabilidades de los gobiernos subnacionales para la prestación de una gran parte de los servicios públicos (como educación, salud, seguridad/justicia, manejo de desechos, servicios públicos, otorgamiento de licencias y permisos) así como para ejercer el gasto e invertir aumentan la frecuencia e inmediatez de las interacciones entre las autoridades gubernamentales y los ciudadanos y empresas, lo cual crea oportunidades para poner a prueba la integridad de los gobiernos subnacionales (OCDE, 2017[2]). Los gobiernos regionales y locales también pueden tener niveles más altos de gasto en riesgo, como el gasto social o las contrataciones públicas, que requieren medidas de control adicionales. Por ejemplo, en 2015, el 63% del gasto en adquisiciones públicas se ejerció a nivel subnacional en la OCDE (OCDE, 2018[3]).

En general, la experiencia de la OCDE identifica un conjunto de desafíos comunes que pueden inducir oportunidades para la corrupción a nivel subnacional, incluso en los gobiernos regionales del Perú. Estos desafíos se relacionan con:

- Capacidades y recursos técnicos y financieros limitados.
- Mayor discrecionalidad de los políticos subnacionales a causa de una oposición a menudo limitada, independencia y eficacia limitadas de los auditores subnacionales, requisitos de divulgación limitados para el presupuesto anual, licitaciones públicas y similares.
- Capacidades limitadas para dictar y/o hacer cumplir reglamentos de buena calidad con efecto directo sobre la actividad comercial y la vida de los ciudadanos
- Garantías insuficientes para la independencia de los sistemas subnacionales de aplicación de la ley, así como falta de recursos y capacidad para combatir eficazmente la corrupción.
- Vínculos estrechos entre las élites empresariales locales y las élites políticas en el nivel subnacional que derivan en prácticas clientelares.
- Débil presencia del Estado en las áreas rurales remotas.

- Vulnerabilidad de los procesos electorales subnacionales, prácticas de compra de votos y patronazgo político que socavan la integridad del proceso electoral.

- Aptitud limitada de la sociedad civil local organizada (pocas capacidades, captura de grupos de la sociedad civil, etc.) impide que los gobiernos subnacionales rindan cuentas de sus actos.

- Asignación de responsabilidades poco clara en todos los niveles gubernamentales que limita la coordinación y rendición de cuentas.

- Desfase entre las responsabilidades y los recursos financieros de los gobiernos subnacionales. La limitada autonomía fiscal podría socavar la rendición de cuentas del nivel subnacional.

- Los mecanismos de gobernanza para coordinar prioridades y alinear objetivos a menudo son ineficaces. Esto incide directamente en la eficiencia del gasto y de las inversiones públicas.

- La deficiente recopilación de datos y supervisión de resultados en la prestación de servicios públicos y en las inversiones afectan la evaluación de necesidades y la vigilancia y evaluación de las medidas (OCDE, 2018[1]).

En el Perú, los ciudadanos perciben que los esfuerzos de lucha contra la corrupción efectuados por los gobiernos regionales son más bien poco eficaces: el 60% de los peruanos consideran que los esfuerzos del gobierno regional son malos o muy malos en comparación con el 28% para el gobierno nacional (gráfico 2.1) (Proética, 2019[4]). Esto puede explicarse por varios casos de corrupción que involucran a dirigentes políticos regionales: en 2017, se investigó a 67 gobernadores y ex gobernadores por delitos de corrupción (Procuraduría Pública Especializada en Delitos de Corrupción, 2017[5]) Esto subraya la necesidad de que los gobiernos regionales refuercen sus esfuerzos en materia de integridad y construyan un sistema de integridad coherente que vaya a la par del sistema de integridad nacional promovido a nivel central.

Gráfico 2.1. Percepción de la eficacia de los esfuerzos para la lucha contra la corrupción efectuados por los gobiernos nacional y regionales

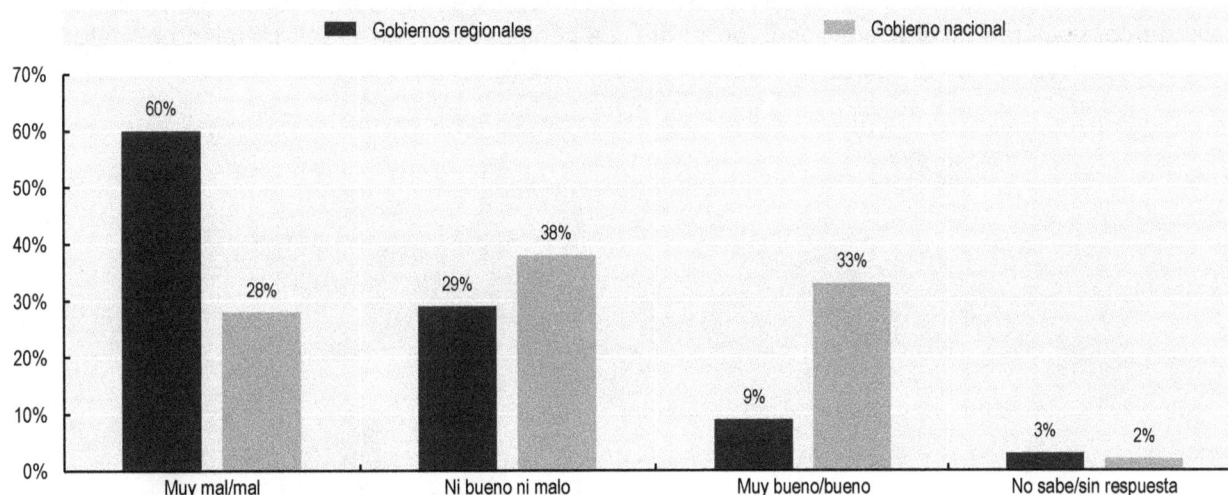

Nota: Pregunta que se hizo a los participantes en la encuesta: "Según lo que usted conoce, ¿cómo calificaría la gestión de Gobiernos Regionales/Gobierno de turno en la lucha contra la corrupción?"
Fuente: (Proética, 2019[4]).

El ecosistema de integridad en las regiones del Perú

El actual ecosistema de integridad a nivel regional comprende y se rige por varias políticas públicas, instancias y mecanismos que operan tanto a nivel central como regional. Aunque en general constituyen oficialmente un marco exhaustivo para los sistemas regionales de integridad pública, en la práctica el nivel de aplicación de las políticas públicas y de actividad institucional varía de una región a otra y depende de varios factores contextuales y relacionados con los recursos.

La Política Nacional de Integridad y Lucha contra la Corrupción y su Plan de Acción 2018-2021

La Política Nacional de Integridad y Lucha contra la Corrupción, aprobada mediante Decreto Nº 092-2017-PCM, ofrece un diagnóstico exhaustivo de la corrupción y sus causas en el Perú, y define tres ejes de acciones prioritarias: la capacidad preventiva, la identificación y gestión de riesgos, y la capacidad sancionadora. Cada eje consta de objetivos específicos con sus respectivas directrices y responsabilidades. Además, la política define varios lineamientos mínimos sobre diferentes temas como cultura de integridad, conflicto de interés y sistemas electorales. Esta política también aprovecha los datos del *Estudio de la OCDE sobre Integridad en el Perú* (OCDE, 2017[6]) y una comisión consultiva de expertos creada por el Presidente del Perú en 2016 (Comisión Presidencial de Integridad), que identificó riesgos clave y propuso un conjunto de medidas para promover la integridad en el sector público (Comisión Presidencial de Integridad, 2017[7]).

La política nacional reconoce el alcance limitado de las medidas anticorrupción a nivel regional y local, también ante la evidencia de que las entidades subnacionales son las más afectadas por la corrupción. Según las estadísticas penales de casos de corrupción citadas en la misma política nacional, los casos en las municipalidades distritales representaron el 27.3% del total (8 994 casos), seguidos por los de las entidades de municipalidades provinciales con 15.1% (4 985 casos) y los gobiernos regionales con 10.2% (3 349 casos). En conjunto, representan el 52.6% del total de casos a nivel nacional, con una cantidad total de 17 328 casos. La Defensoría del Pueblo también señala en un informe el creciente número de casos de corrupción a nivel subnacional, en el que se comparan los procesos penales por delitos de corrupción cometidos por servidores públicos en 2016 y 2018 (gráfico 2.2).

Gráfico 2.2. Procesos penales por corrupción contra servidores públicos por departamento en 2016 y 2018

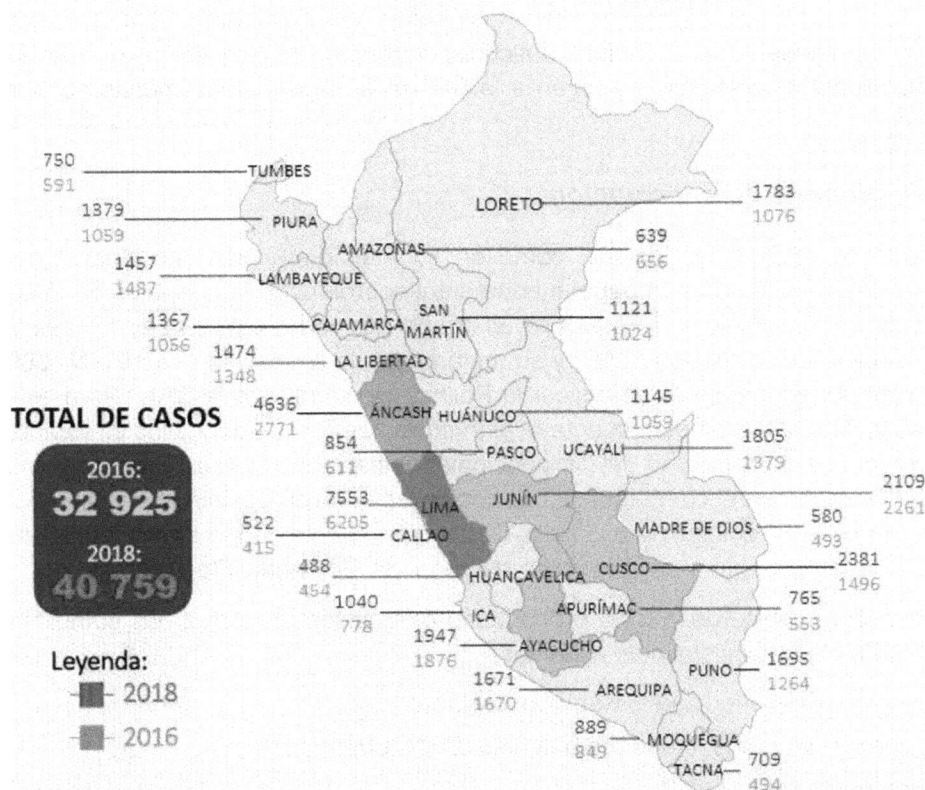

Nota: Los datos corresponden a los presuntos delitos cometidos por servidores públicos en virtud de los Artículos 326 y 401 del Código Penal.
Fuente: (Defensoría del Pueblo, 2019[8]).

La Política Nacional de Integridad y Lucha contra la Corrupción se complementa con un Plan de Acción para 2018-2021 (Plan Nacional de Integridad y Lucha contra la Corrupción 2018-2021) mediante el Decreto N° 044-2018-PCM, que define varias acciones con metas específicas que involucran a los gobiernos regionales. Éstas son:

- Fortalecer a la Comisión de Alto Nivel Anticorrupción (CAN) mediante la articulación de las Comisiones Regionales Anticorrupción (CRA).
- Metodología para la identificación y gestión de riesgos para prevenir, detectar y sancionar la corrupción.
- Programas de inducción para servidores públicos.
- Gestión del desempeño
- Actividades de sensibilización.
- Registro de actividades de cabildeo, o "lobby" (registro de visitas).
- Identificación y gestión de riesgos en los procesos de contratación pública, incluida la capacitación.
- Incorporación de los Órganos de Control Institucional (OCI) en la estructura administrativa de la Contraloría General de la República (CGR).
- Simplificación administrativa.
- Cumplimiento de las obligaciones de transparencia.
- Audiencias de rendición de cuentas y promover la capacitación de la sociedad civil.

- Mecanismos de vigilancia ciudadana.
- Tecnologías digitales para la rendición de cuentas.
- Educación escolar sobre integridad.

En términos más generales, tanto la política anticorrupción como el plan estipulan que las Comisiones Regionales Anticorrupción colaboren y apoyen a la SIP en el seguimiento, monitoreo y evaluación del propio plan.

Comisiones Regionales Anticorrupción

Al originarse tanto en la Política Nacional como en su Plan de Acción, las Comisiones Regionales Anticorrupción (CRA) desempeñan un papel fundamental coordinando los trabajos de integridad y lucha contra la corrupción en las regiones. Están previstas por vez primera en la Ley N° 29976 que crea la Comisión de Alto Nivel Anticorrupción (CAN) y su reglamento de aplicación (Decreto N° 089-2013-PCM), como las entidades corresponsables de aplicar la Política Nacional con la CAN. Para esta creación, el marco jurídico estipula que se tome en cuenta la estructura, las funciones y a los integrantes de la CAN, en vista de la adecuada participación de las principales instancias públicas, el sector empresarial y la sociedad civil involucrados en el combate a la corrupción en el nivel regional. A fin de asegurar aún más la coordinación con el nivel regional, la misma CAN también cuenta con la participación, como miembro de pleno derecho, del presidente de la Asamblea Nacional de Gobiernos Regionales.

En 2016, la Secretaría Técnica de la CAN proporcionó orientación para crear las comisiones regionales anticorrupción, que incluyó los siguientes aspectos:

- la constitución oficial mediante ordenanza regional
- la conformación sugerida, conforme a la de la CAN (cuadro 2.1)
- funciones prioritarias, a saber:
  - la formulación de planes regionales anticorrupción basados en un diagnóstico del riesgo de corrupción (recuadro 2.1)
  - el seguimiento, supervisión y presentación de informes sobre el cumplimiento del Plan Nacional
  - proponer políticas regionales para la prevención y lucha contra la corrupción.
- la estructura, con una presidencia rotatoria de un año entre los miembros y una secretaría técnica para dirigir el trabajo técnico de la CAN
- el reglamento interno de las CRA, que debe abordar el propósito y objetivos, las obligaciones y facultades de los miembros, las funciones del presidente y de la Secretaría Técnica, así como detalles sobre la organización y el desarrollo de las sesiones (CAN, 2016[9]).

La CAN prevé un plazo de 60 días para aprobar el reglamento interno a partir de la primera sesión de la Comisión Regional Anticorrupción. En la práctica, puede observarse que no todas las CRA activas respetan este plazo y han aprobado un reglamento interno (21 de 23 de ellas) (cuadro 2.2). Respecto al nombramiento de una Secretaría Técnica, 19 de 23 CRA activas lo han hecho hasta ahora. Además, las instituciones propuestas para el cargo de la Presidencia y la Secretaría Técnica de las CRA están desempeñando un papel fundamental en la planeación de actividades y el suministro de datos técnicos. En la actualidad, la primera generalmente se asigna al presidente de la Corte Superior de Justicia (gráfico 2.3), mientras que la segunda al propio Gobierno Regional (gráfico 2.4).

Recuadro 2.1. Orientación de la CAN para elaborar los Planes Regionales Anticorrupción

La Comisión de Alto Nivel Anticorrupción (CAN) recalca que la elaboración del Plan Regional Anticorrupción es un área prioritaria que debe desarrollar la Comisión Regional Anticorrupción. Representa un instrumento de gestión que permite centrarse en medidas preventivas y punitivas, basado en la identificación y evaluación de los procesos y prácticas que generan mayor riesgo o vulnerabilidad a la corrupción en cada región. Para tal efecto, la CAN concede particular importancia a la elaboración de un diagnóstico interno preliminar en la región que debe incluir la participación de todas las entidades pertinentes de la región. También se proporciona orientación para identificar a las instancias pertinentes en el área preventiva, incluso a las encargadas de mejorar la gestión, la eficiencia, la transparencia y la supervisión.

Fuente: (CAN, 2016[9]).

Cuadro 2.1. Miembros de las Comisiones Regionales Anticorrupción

Institución nacional	Miembro de la CRA	Cargo y función de la entidad regional
Poder Judicial	Presidente de la Corte Superior de Justicia	La Corte Superior de Justicia es el máximo órgano judicial en cada distrito judicial.
Presidencia del Consejo de Ministros	Gobernador regional	La misión de los gobiernos regionales es organizar y conducir la gestión pública regional conforme a las competencias exclusivas, compartidas y delegadas de las regiones y conforme a las políticas nacionales y sectoriales. Esto debe contribuir al desarrollo integral y sostenible de la región. (Ley Orgánica de Gobiernos Regionales N° 27867).
Ministerio de Justicia y Derechos Humanos	Procurador Público Anticorrupción Descentralizado	La Procuraduría Anticorrupción ejerce la defensa del Estado para salvaguardar sus intereses mediante el cobro de reparaciones civiles y la recuperación de activos en casos de corrupción en que estén implicados servidores públicos. La Procuraduría cuenta con 15 oficinas descentralizadas con responsabilidad sobre los grupos de distritos judiciales como se estipula en la Resolución 046-2015-JUS/CDJE
Fiscalía de la Nación	Presidente de la Junta de Fiscales Superiores del Distrito Judicial	Cada distrito judicial donde hay tres o más fiscales superiores constituye una Junta, donde las actuaciones judiciales se planean y organizan bajo la supervisión de su presidente. (Ley Orgánica del Ministerio Público, Decreto Legislativo N° 52).
Presidente de la Asamblea Nacional de Gobiernos Regionales	Presidente/Representante del Consejo Regional	Los Consejos Regionales son los órganos elegidos democráticamente a nivel regional con función reguladora y que supervisan al gobierno regional. Cada Consejo cuenta con un presidente, un vicepresidente y de 7 a 25 consejeros para cada provincia, que son elegidos para un mandato de cuatro años.
Contraloría General de la República	Titular de la Oficina Regional de Control	Las Oficinas Regionales de Control son órganos descentralizados de la Contraloría General de la República con la responsabilidad de planear, organizar, gestionar, ejecutar y evaluar las actividades de control en las entidades bajo su jurisdicción.
Defensoría del Pueblo	Titular de la Defensoría del Pueblo Regional	La Defensoría del Pueblo tiene la responsabilidad institucional de defender y promover los derechos de las personas, vigilar la eficacia de la administración en la actuación del Estado y supervisar la prestación adecuada de los servicios públicos. A nivel regional, cuenta con 28 oficinas regionales (Ley Orgánica de Gobiernos Regionales N° 27867).

Fuente: (CAN, 2016[9]).

Cuadro 2.2. Nivel de implementación de las Comisiones Regionales Anticorrupción en el Perú

	Nivel de implementación
CRA activas en las regiones[1]	92% (23 de 25 gobiernos regionales)
CRA con Secretaría Técnica	83% (19 de 23 CRA)
Secretaría Técnica de las CRA con Secretario Técnico de tiempo completo	0%
CRA que adoptan Reglamento Interno	91% (21 de 23 CRA)
CRA que adoptan Plan Regional Anticorrupción	56% (13 de 23 CRA)

1. Se considera que una CRA está activa cuando se reúne de manera periódica, aplica las medidas acordadas en el Plan Regional o está en proceso de elaborarlo.
Fuente: Secretaría de Integridad Pública del Perú. Información a enero de 2020; (Defensoria del Pueblo, 2018[10]).

Gráfico 2.3. Presidencia de las Comisiones Regionales Anticorrupción

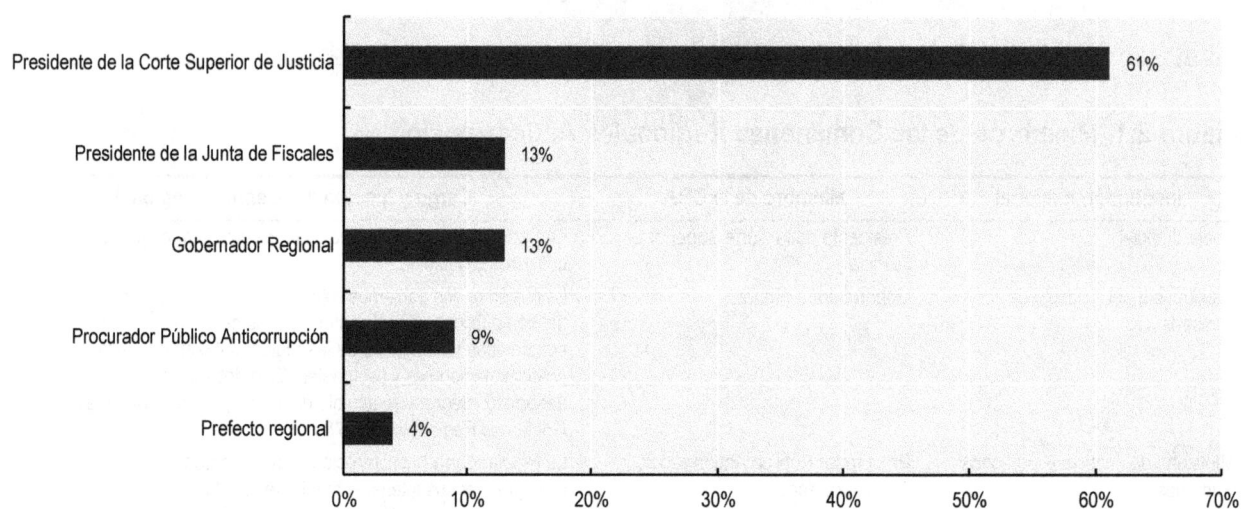

Fuente: SIP, enero 2020.

Gráfico 2.4. Secretarías Técnicas de las Comisiones Regionales Anticorrupción

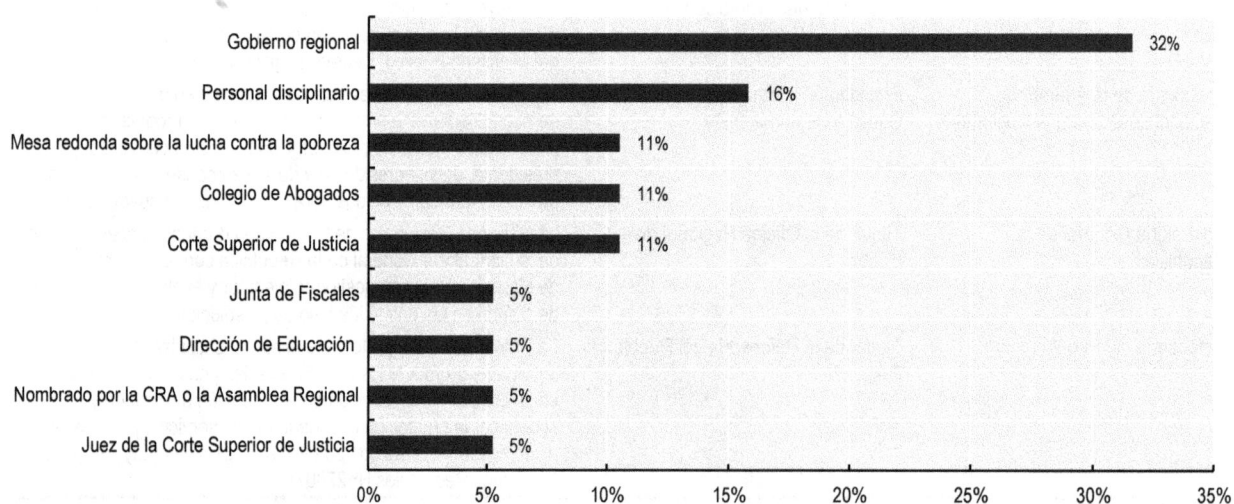

Nota: De un total de 19 Secretarías Técnicas.
Fuente: SIP, enero 2020.

Además, la CAN ha formulado indicaciones minuciosas con cronogramas para ayudar a las Comisiones Regionales Anticorrupción en la preparación de los planes regionales anticorrupción. La Comisión de Alto Nivel Anticorrupción calcula un total de 14 semanas para que todas las actividades culminen en el plan. Por consiguiente, estas deben llevarse a cabo conforme a la secuencia de los siguientes pasos:

Gráfico 2.5. Pasos para el Desarrollo de los Planes Regionales Anticorrupción

Fuente: (CAN, 2015[11]).

En este proceso, se concede especial importancia a la evaluación cuyo objetivo debe ser identificar los problemas y condiciones que facilitan la corrupción en el nivel regional, sobre todo en lo referente a los mecanismos existentes de prevención y sanción, pero también entender los relacionados con los procesos de adquisiciones y los de las actividades productivas fundamentales en cada región. El documento de orientación sobre el plan también incluye una estructura propuesta que alude levemente a todos los pasos del proceso antes mencionados. Sin embargo, en la práctica puede observarse que a menudo no se cuenta con Planes Regionales Anticorrupción, lo que ocurre solo en 13 de las 23 Comisiones Regionales Anticorrupción activas (cuadro 2.2). Y es frecuente que los que existen tampoco estén formulados de manera estratégica. En muchos casos, no se basan en una evaluación de las vulnerabilidades relacionadas con la integridad y descuidan el diseño de resultados e indicadores para facilitar la supervisión y la evaluación. A menudo son un mero ejercicio de marcar la casilla como tarea cumplida.

La implementación del modelo y la función de integridad en las regiones

El Modelo de Integridad peruano

Un elemento central del ecosistema de integridad del Perú es el llamado 'modelo de integridad y función de integridad" que toda entidad pública debe implementar, sin importar el nivel de gobierno del que se trate. Estos elementos fueron previstos por vez primera en la Ley del Código de Ética de la Administración Pública (Ley N° 27815) de 2002, en la cual se estipula que un órgano de la alta dirección de cada entidad pública deberá instituir medidas para promover una cultura de integridad, transparencia, justicia y servicio público según lo dispuesto en el Código.

Posteriormente, el Decreto Legislativo N° 1327 que contempla medidas de protección para quienes denuncien conductas indebidas (denuncias), estableció que se crearan las Oficinas de Integridad Institucional (OII), como unidades organizacionales que de manera sistemática asumen la promoción de la ética y la integridad institucional en las entidades públicas. El Plan Nacional de Integridad subraya aún más el papel de las OII, asignándoles la responsabilidad de implementar el modelo de integridad, que se define como el conjunto de procesos y políticas cuyo cometido es prevenir la corrupción y otras prácticas ilícitas en una entidad.

Para tal efecto, se deben encomendar varias responsabilidades a las OII (recuadro 2.2) relacionadas con la articulación y supervisión de los nueve elementos del modelo, que son:

- compromiso de la Alta Dirección
- gestión de riesgos
- políticas de integridad
- transparencia, datos abiertos y rendición de cuentas

- control interno, externo y auditoria
- comunicación y capacitación
- canales de denuncia
- supervisión y monitoreo del modelo de integridad
- un funcionario encargado del modelo de integridad.

Recuadro 2.2. El papel de las OII en el Plan Nacional de Integridad

Según el Plan Nacional de Integridad y el modelo de integridad presentado en dicho documento, la Oficina de Integridad Institucional (OII) deberá establecerse con las siguientes tareas, responsabilidades y características:

- El encargado del Modelo de Integridad asume la misión de articular y supervisar los componentes que lo conforman.
- Dependiendo del tamaño de la entidad y de las vulnerabilidades a las que está expuesta, la implementación es una tarea que efectúa la OII o un funcionario que cumpla dichas funciones. Si la institución cuenta con una defensoría, oficina de transparencia o anticorrupción, esta también podría asumir las funciones del encargado de la Oficina de Integridad Institucional.
- Dicho responsable debe ocupar un puesto jerárquico de alto nivel en la estructura orgánica de la entidad.
- El empoderamiento deriva del alto nivel jerárquico. El seguimiento de la política de integridad requiere contar con el apoyo público de la alta dirección.
- Las funciones del encargado deben ser ajenas a toda carga o interés particular. Por ende, se debe garantizar la independencia plena del encargado en lo referente a su actuación y a la formulación de recomendaciones que el mismo considere pertinente.
- Es necesario dotar a la Oficina de los recursos necesarios para el cumplimiento eficaz de sus obligaciones.
- El encargado de la Oficina de Integridad Institucional no es dueño de los procesos del modelo de integridad que debe supervisar.

Fuente: (OCDE, 2019[12]), Política Nacional de Integridad y Lucha contra la Corrupción (PNILC).

La Función de Integridad, en particular, las Oficinas de Integridad Institucional

La Secretaría de Integridad Pública proporciona orientación adicional para implementar la función de integridad en la Resolución N° 1-2019-PCM/SIP, que estipula su obligatoriedad para todas las entidades de la administración pública definidas en el Decreto Supremo N° 054-2018-PCM, incluidos los gobiernos regionales y locales (Artículo 1, Título Preliminar, Ley N° 27444).

La Resolución describe que la función de integridad tiene por objetivo:

- Implementar el modelo de integridad conforme a lo estipulado en el Plan Nacional.
- Crear mecanismos e instrumentos para promover la integridad.
- Acatar e interiorizar los valores y principios vinculados con el uso adecuado de los fondos, recursos, activos y atribuciones de la función pública.

De manera más específica, la función de integridad consta de las siguientes actividades:

- Apoyo en la identificación y gestión de los riesgos de corrupción.

- Proponer las acciones de integridad y lucha contra la corrupción, así como supervisar su cumplimiento.
- Proponer la Incorporación de objetivos y acciones de integridad en los planes estratégicos de la entidad.
- Implementar, conducir y dirigir la estrategia institucional de integridad y lucha contra la corrupción, así como supervisar su cumplimiento.
- Supervisar el cumplimiento de la normativa vigente de transparencia, gestión de intereses y conflicto de intereses.
- Coordinar con la máxima autoridad administrativa y los demás órganos o unidades orgánicas de la entidad, la planificación, ejecución, seguimiento y evaluación del sistema de control interno.
- Coordinar e implementar el desarrollo de actividades de sensibilización en materia de ética pública, transparencia y acceso a la información pública, gestión de intereses, conflicto de intereses, control interno y otras materias vinculadas con la integridad y lucha contra la corrupción.
- Recibir, evaluar, derivar, dar seguimiento y sistematizar las quejas y denuncias sobre actos de corrupción, asegurando la reserva de la información.
- Otorgar medidas de protección al denunciante o testigos cuando corresponda.
- Orientar y asesorar a los funcionarios públicos sobre dudas, dilemas éticos, situaciones de conflicto de interés, así como sobre los mecanismos de denuncia y medidas de protección existentes en la entidad y otros aspectos de las políticas de integridad.
- Supervisar la implementación del modelo de integridad.
- Realizar otras emanadas del marco jurídico pertinente.

Aunque la implementación de la función de integridad recae en el titular de la entidad, esta se puede ejercer a través de:

- la Oficina de Integridad Institucional; o
- la máxima autoridad administrativa, que a su vez puede delegarla en una unidad funcional, un grupo de trabajo permanente o un funcionario público adscrito a esa autoridad; o al departamento de recursos humanos. En los gobiernos regionales, la máxima autoridad administrativa es la Gerencia General Regional; en los gobiernos locales, la Gerencia Municipal.

En la creación de una Oficina de Integridad Institucional, se debe considerar que esté subordinada directamente al titular de la entidad o la máxima autoridad administrativa para garantizar su exposición en un alto nivel jerárquico y el empoderamiento adecuado para las funciones que debe realizar. En la práctica, la creación de una OII debe reflejarse en el Reglamento de Organización y Funciones. Las OII, o quienes ejerzan la función de integridad, también tienen una relación técnica y funcional con la Secretaría de Integridad Pública, que es el órgano rector de la Política Nacional de Integridad y puede aprobar una reglamentación obligatoria, así como recomendaciones dirigidas a ellas.

La resolución para implementar la función de integridad se aplica a todas las entidades. En particular, la decisión sobre cómo integrarla en la organización se deja a la propia entidad en función de su estructura orgánica, recursos presupuestarios, nivel de riesgo de corrupción y el número de empleados destinado a ejercer la función de integridad. Estos criterios se aplican y guían a todas las entidades, incluidos los gobiernos regionales, y generalmente se configuran sin ninguna elaboración detallada

Tanto los gobiernos regionales como los locales tienen sus propias características estructurales y desafíos en cuanto a riesgos, estructuras, capacidades y presupuesto que influyen en la implementación de la función de integridad (véase más detalle en la sección "Desafíos para implementar el Modelo de Integridad en las regiones" en el capítulo 2). Estas características podrían examinarse en forma más detenida y detallada a fin de proporcionarles orientación específica sobre las modalidades para implementar la función de integridad de manera coherente con su realidad (véase la sección "Establecer normas realistas para la función asesora de integridad en los gobiernos regionales" en capítulo 3).

Otras instancias pertinentes en los gobiernos regionales para el modelo de integridad

Independientemente de la modalidad que se ponga en práctica, la función de integridad tiene un papel decisivo en la implementación del modelo de integridad. Sin embargo, su misión en primer lugar es coordinar, vigilar y verificar el cumplimiento de los componentes del modelo cuyas responsabilidades se distribuyen entre diferentes instancias en la entidad.

Como se expone en un estudio anterior de la OCDE (OCDE, 2019[12]), el órgano/servidor encargado de la función de integridad asesora y apoya a varias unidades responsables del modelo de integridad, que también están presentes en los gobiernos regionales:

- Gerencia General.
- Secretaría Técnica de Procedimientos Administrativos Disciplinarios.
- Ministerio Público.
- Órgano de Control Institucional.
- Funcionario/Unidad de transparencia.
- Oficina de recursos humanos.

Implementación actual de la función y el modelo de integridad en las regiones del Perú

Aunque la implementación de la función y el modelo de integridad a nivel central está avanzando en todos los ministerios —todos ellos tienen una o varias oficinas de integridad y lucha contra la corrupción con diferentes funciones y disposición institucional (OCDE, 2019[12])—, el proceso continúa en una fase temprana a nivel regional a causa de varias condiciones tanto estructurales como contextuales (véase la sección "Desafíos para implementar el Modelo de Integridad en las regiones" en el capítulo 2). Según información proporcionada por la Secretaría de Integridad Pública, a noviembre de 2020 solo seis gobiernos regionales —Amazonas, Cajamarca, La Libertad, Lambayeque, Piura y San Martín— han nombrado al órgano o servidor encargado de la función de integridad (véase el Anexo A).

De manera más general, las iniciativas relacionadas con los diferentes componentes del modelo siguen siendo limitadas y están dispersas entre las regiones. Por ejemplo, en noviembre de 2020, a nivel subnacional, solo seis gobiernos regionales y cinco municipalidades habían aprobado un código de conducta. Se persiste en los esfuerzos para aprobar y aplicar un código de conducta en los gobiernos regionales. Esta labor también cuenta con el apoyo de un programa específico del Programa Subnacional para la Gestión de las Finanzas Públicas de la Cooperación Suiza, con la contribución de la OCDE, que proporcionó una metodología en la cual se hace hincapié en un concepto fundamental: la participación de los funcionarios públicos durante todo el proceso de implementación, desde la evaluación del contexto de integridad de la entidad (actores, percepción, normativa) hasta la difusión del propio código (Basel Institute on Governance, 2018[13]). Seis gobiernos regionales y cinco municipalidades recibieron apoyo del programa para elaborar un código en temas participativos de ese tipo.

En este proceso, se han destacado las siguientes conclusiones y problemas:

- Algunos gobiernos regionales no tenían bases de datos fiables sobre el personal, lo que dificultó el muestreo.
- Algunos servidores públicos no conocían sus propias normas porque no siempre se publican, aunque estuvieran en vigor.
- Coordinación deficiente con los gobiernos regionales y alta rotación de servidores públicos.

- El periodo electoral en 2018 y el cambio de autoridades políticas regionales en 2019 —al mismo tiempo que las municipales— crearon incentivos para aprobar códigos de conducta justo antes y después de las elecciones (Basel Institute of Governance, 2020[14]).

La Cooperación Suiza proporcionó apoyo similar, de nuevo con apoyo de la OCDE, para fortalecer la gestión de riesgos de corrupción, otro componente frágil del modelo de integridad a nivel regional, mediante una guía metodológica (Basel Institute on Governance, 2018[15]).

Instancias y políticas nacionales que influyen en los sistemas regionales de integridad

Los gobiernos regionales tienen la misión de promover la economía y el desarrollo regionales en su jurisdicción, alentar las inversiones y concebir actividades y servicios públicos acordes con las políticas nacionales y los planes de desarrollo nacionales y regionales. Las principales instancias en el proceso de toma de decisiones son: 1) el Consejo Regional, órgano normativo y fiscalizador del gobierno regional con una misión similar a la del poder legislativo; y 2) la Presidencia, órgano ejecutivo, que también es apoyada por un Consejo de Coordinación Regional, un ente consultivo integrado por el presidente regional, los alcaldes provinciales de la región (60% del consejo) y representantes de la sociedad civil (40% del consejo). En cuanto a sus competencias, el nivel regional de gobierno tiene tanto exclusivas como compartidas (cuadro 2.3).

Cuadro 2.3. Competencias de los gobiernos regionales

Sector	Exclusivas	Compartidas
Planeación y presupuesto	• Elaborar el plan regional y ejecutar los programas socioeconómicos correspondientes • Formular y aprobar el Plan de Desarrollo Regional Concertado con las municipalidades y la sociedad civil de su región • Formular el presupuesto, aprobado luego por el Gobierno Nacional • Aprobar su organización interna	
Inversiones públicas y obras públicas	• Promover y ejecutar las inversiones públicas regionales en los rubros de infraestructura vial, energética, de comunicaciones y de servicios básicos de su región. Esto debe hacerse conforme a un esquema de viabilidad, desarrollo de la competitividad, promoción de las inversiones privadas y estímulo de los mercados	
Políticas económicas	• Diseñar y ejecutar programas regionales de cuencas, corredores económicos y ciudades intermedias • Promover la creación de empresas y unidades económicas regionales para concertar sistemas productivos y de prestación de servicios • Facilitar los procesos orientados a los mercados internacionales para la agricultura, la agroindustria, la artesanía, la actividad forestal y otros sectores productivos en función de sus potencialidades • Desarrollar circuitos turísticos que podrían convertirse en ejes de desarrollo • Promover la modernización de las pequeñas y medianas empresas de la región, en especial, articulando la educación, el trabajo y las políticas tecnológicas	• Promoción, gestión y regulación de actividades económicas y productivas en los sectores de la agricultura, pesquería, industria, comercio, turismo, energía, hidrocarburos, minería, transporte, comunicaciones y medio ambiente • Promover el empleo y la competitividad regional coordinando el uso de los recursos públicos y privados
Ordenamiento urbano, gestión de la propiedad de la tierra y vivienda	• Desarrollar circuitos turísticos que podrían convertirse en ejes de desarrollo	• Ordenamiento del uso de suelo
Medio ambiente	• Promover el uso sostenible de los recursos forestales y la biodiversidad	• Gestión sostenible de los recursos naturales y mejoramiento de la calidad ambiental • Preservación y administración de las reservas y áreas naturales protegidas
Cultura		• Aumentar la accesibilidad y difusión de la cultura y reforzar las instituciones culturales y artísticas regionales

Sector	Exclusivas	Compartidas
Educación		• Gestión de los servicios educativos de preescolar, primaria, secundaria y superior no universitaria, tomando en cuenta el componente intercultural de la región
Salud		• Participación en la gestión de la salud pública
Participación ciudadana		• Aumentar y fortalecer la participación ciudadana al concertar los intereses públicos y privados
Otros	• Aumentar y fortalecer la participación ciudadana al concertar los intereses públicos y privados • Hacer alianzas y acuerdos con otras regiones que podrían fomentar el desarrollo económico, social y ambiental • Organizar y aprobar los casos técnicos de demarcación territorial en la región • Dictar normas sobre los asuntos de su competencia • Otras competencias delegadas por la ley	• Otras competencias delegadas por la ley

Fuente: (OCDE, 2016[16]).

En coherencia con el modelo y proceso de descentralización del Perú, varias instancias nacionales influyen de manera directa e indirecta sobre las políticas y sistemas de integridad de los gobiernos regionales en lo referente a supervisión, orientación, recursos humanos, fortalecimiento de capacidades, coordinación, estructura organizacional y control. A fin de apoyar la integridad regional, sería vital que las instancias nacionales coordinen sus acciones para aprovechar las sinergias y evitar deficiencias, duplicación y fragmentación (véase la sección "Promover condiciones propicias para la integridad desde el nivel nacional" en el capítulo 3).

Entre las principales instancias con influencia directa sobre las políticas de integridad regionales, cabe mencionar las siguientes:

- La **Secretaría de Integridad** (SIP), adscrita a la Presidencia del Consejo de Ministros (PCM), es la entidad que rige las políticas de integridad en el Perú. Creada en abril de 2018 mediante el Decreto Supremo N° 042-2018-PCM, es el ente técnico encargado de conducir y supervisar el cumplimiento de la Política Nacional de Integridad y Lucha contra la Corrupción tanto a nivel nacional como subnacional, así como de crear mecanismos e instrumentos para prevenir y gestionar los riesgos de corrupción. También es responsable de proponer, coordinar, organizar, dirigir, supervisar y evaluar políticas, planes y estrategias en temas de integridad y ética pública. En su carácter de ente rector de la integridad, la SIP proporciona asesoría, orientación, directivas, normas y opiniones técnicas como lo hace —por ejemplo— mediante directrices para elaborar los planes de lucha contra la corrupción de las Comisiones Regionales Anticorrupción e implementar la función de integridad a nivel de la entidad. Teniendo en cuenta el papel de la SIP de Secretaría Técnica de la CAN, también funge como órgano coordinador entre los poderes Legislativo y Judicial, la sociedad civil, los sectores privados, los integrantes de la Comisión de Alto Nivel Anticorrupción (CAN) y el Poder Ejecutivo. En este rol, también es responsable de coordinar y mantener una comunicación estrecha con las Comisiones Regionales Anticorrupción para implementar el Plan y la Política de Integridad Nacional en el nivel regional.
- La **Autoridad Nacional del Servicio Civil** (SERVIR), adscrita a la Presidencia del Consejo de Ministros, es el organismo técnico especializado y órgano rector del sistema nacional de administración de los recursos humanos encargado de promover una actuación transparente, ética y objetiva en los servidores públicos. Entre los programas, iniciativas y actividades recientes que atacan los problemas para implementar la función de integridad a nivel regional figuran:

- o Cursos sobre ética en la gestión pública, así como sobre dilemas éticos, diseñados con la Escuela Nacional de Administración Pública.
- o En un estudio sobre ética realizado en 2018 entre más de 300 funcionarios públicos en 14 regiones, sus resultados destacan la falta de espacios para la reflexión ética en las entidades y que la mayoría de los funcionarios consideran no estar suficientemente protegidos cuando presentan denuncias relacionadas con conductas poco éticas (recuadro 2.6).
- o Sistematización de la información relacionada con los perfiles de los puestos y servicios en las entidades regionales a fin de proporcionar herramientas de gestión adaptadas para su población con el objetivo de ordenar y hacer más eficiente la estructura de la organización, los procesos y la gestión de los recursos humanos que en la actualidad enfrentan varios desafíos.
- o Nombramiento de gerentes públicos elegidos por SERVIR para las entidades subnacionales.
- o Asistencia técnica para la elaboración de herramientas de gestión de recursos humanos o para la transición a un régimen de servicio civil.
- o El Tribunal del Servicio Civil prestó mayor atención a los conflictos que implican a servidores públicos subnacionales.

- El **Grupo de Trabajo Multisectorial** presidido por SERVIR. Fue creado en julio de 2019 y está compuesto por otras instituciones como la Secretaría de Gestión Pública, la Secretaría de Descentralización, las Direcciones Generales de Recursos Humanos y Presupuesto Público del Ministerio de Economía y Finanzas (como miembros), así como la Contraloría General de la República, la Asamblea Nacional de Gobiernos Regionales y funcionarios públicos de las regiones (como invitados). Este grupo de trabajo se formó para diseñar y brindar orientación y apoyo para fortalecer las capacidades a fin de optimizar la gestión organizacional y de recursos humanos en los gobiernos regionales para enfrentar los desafíos de esas entidades, mejorando así la calidad de los servicios para la ciudadanía. En particular, las funciones específicas encomendadas en el grupo de trabajo son:
  - o formular propuestas para mejorar las normas de elaboración de documentos de gestión organizacional y recursos humanos de los gobiernos regionales
  - o participar en las discusiones técnicas organizadas para identificar las dificultades que presentan los gobiernos regionales para la gestión organizacional y de recursos humanos
  - o proponer un programa de fortalecimiento de capacidades en la gestión organizacional y de recursos humanos en los gobiernos regionales (Resolución Ministerial N° 268-2019-PCM).

- La **Secretaría de Descentralización**, también adscrita a la PCM, promueve y fortalece la coordinación multinivel, con el objetivo de disminuir los vacíos de información y las asimetrías que limitan el desarrollo territorial. Una importante iniciativa en curso es la creación de las Agencias Regionales de Desarrollo (ARD), cuya misión es fortalecer la economía regional y la capacidad social de las regiones al alinear las prioridades de políticas sectoriales y territoriales, y en cuya gestión e implementación confluyan los diferentes niveles de gobierno y sectores mediante una intervención coordinada (recuadro 2.3). En particular, sus funciones y objetivos son:
  - o organizar la aplicación coordinada de la política nacional, sectorial y multisectorial en el territorio
  - o identificar y crear mecanismos a fin de idear soluciones para los problemas de gestión territorial que exigen la participación de entidades del gobierno nacional
  - o identificar políticas y proyectos prioritarios en el territorio que requieran la participación del poder ejecutivo y de otros niveles de gobierno, promoviendo la aplicación con todos interesados pertinentes
  - o crear mecanismos para articular las intervenciones del Poder Ejecutivo con los gobiernos regionales y locales

o   proporcionar asistencia técnica a los gobiernos regionales y locales para el mejor desempeño de sus funciones.

Las ARD son dirigidas por los gobiernos regionales y actualmente se están instituyendo en siete regiones (Ayacucho, Cusco, Cajamarca, Apurímac, Piura, La Libertad y San Martín). Sin embargo, a largo plazo, se planea establecerlas en todas las regiones.

En este contexto, la Secretaría de Descentralización también organiza un conjunto de reuniones entre el poder ejecutivo nacional y los gobiernos regionales, en las que los ministros interactúan de manera bilateral con los gobernadores regionales y sus respectivos equipos técnicos, para fortalecer las relaciones de confianza y mejorar la comprensión mutua de sus responsabilidades. En estas reuniones, denominadas GORE ejecutivo, se alude brevemente a las siguientes áreas temáticas: desagregar inversiones, optimizar la normatividad y desarrollar agendas territoriales regionales (Secretaría de Descentralización, s.f.[17]).

Recuadro 2.3. Aplicar un enfoque regional para el desarrollo económico en el Perú a través de las Agencias Regionales de Desarrollo

La Organización para la Cooperación y el Desarrollo Económicos (OCDE) ha promovido el establecimiento de las Agencias Regionales de Desarrollo (ARD) como una opción para desarrollar las aptitudes y capacidad técnica necesarias de los gobiernos regionales del Perú, basándose en la experiencia de los países de la OCDE. En particular, la OCDE recomienda al Perú que dichas agencias se centren en:

* desarrollar habilidades y capacidad técnica de los gobiernos regionales (departamentos) en áreas como la elaboración y evaluación de políticas públicas, planeación estratégica, adquisiciones y la ejecución de proyectos y programas
* proporcionar apoyo para que los departamentos y gobiernos municipales integren mejor los planes estratégicos con los sistemas fiscales y las estrategias de inversión
* comunicar las prioridades estratégicas de los departamentos al gobierno nacional, identificar oportunidades para la alineación estratégica entre los departamentos, y asegurar que esas prioridades aporten información para el presupuesto nacional y el ciclo de planeación
* asegurar que las prioridades y políticas nacionales se consideren y reflejen en la planeación departamental
* coordinar las inversiones y la ejecución de programas a escala regional e interregional
* evaluar y supervisar la planeación municipal y departamental para asegurar que los planes sean eficaces y vayan a la par del sistema nacional de planeamiento estratégico.

Fuente: (OCDE, 2016[16]).

---

* La **Secretaría de Gestión Pública** (SGP) de la Presidencia del Consejo de Ministros es responsable de la organización, estructura y funcionamiento de la administración pública, simplificación administrativa, gestión por procesos, calidad y atención a los ciudadanos, gobierno abierto y gestión del conocimiento. Es el órgano rector de la Política Nacional de Modernización y del Sistema Administrativo para modernizar la gestión pública. Un elemento de este sistema contempla la evaluación de los riesgos de gestión (Decreto Supremo Nº 123-2018-PCM), que se implementa conforme a las directrices y metodologías definidas por la Secretaría de Integridad Pública y la Contraloría General de la República en el ámbito de sus respectivas competencias.
* La **Contraloría General de la República** (CGR) es la autoridad máxima del Sistema Nacional de Control. Supervisa, vigila y verifica la correcta aplicación de las políticas públicas y el uso de los bienes y recursos públicos. A fin de realizar sus funciones con eficiencia, goza de autonomía

administrativa, funcional, económica y financiera. La CGR es miembro observador de la Comisión de Alto Nivel Anticorrupción. Sus atribuciones incluyen controlar y supervisar a los gobiernos regionales en forma permanente y descentralizada a través de oficinas regionales. Estas oficinas regionales también son miembros observadores de las Comisiones Regionales Anticorrupción. La Contraloría también supervisa de manera continua la reciente Directiva para implementar el Sistema de Control Interno N° 06-2019-CGR/INTEG, que tiene diferentes requisitos para las regiones. En este contexto, seis regiones se beneficiaron de actividades de fortalecimiento de capacidades del Basel Institut on Governance. Conforme a una estrategia de control basada en la prevención, la Contraloría inició recientemente controles simultáneos que integran su estrategia tradicional sustentada en controles preventivos y auditorías ex post ya que abordan los puntos vulnerables de los controles internos en las instituciones públicas (recuadro 2.4).

Recuadro 2.4. Modelo de control simultáneo en el Perú

A partir de 2017, la Contraloría General de la República empezó a realizar controles simultáneos, apoyando a las entidades mediante la evaluación de un conjunto de hitos de control dentro de un proceso en curso, para verificar si se llevan a cabo conforme a la normativa vigente, disposiciones internas, contractuales o de otra índole que les sean aplicables. Al mismo tiempo, les permiten identificar, si es necesario, la existencia de situaciones que afecten o puedan afectar la continuidad, los resultados o la consecución de objetivos del proceso, y darlos a conocer en forma oportuna a la entidad u organismo encargado del proceso, para que se adopten las medidas preventivas o correctivas correspondientes (Directivas N° 005-2017-CG/PROCAL y N° 002-2019-CG-NORM, aprobadas por las Resoluciones de la Contraloría N° 405-2017-CG y N° 115-2019-CG).

Conforme a la evaluación inicial de la CGR, la implementación del modelo de control simultáneo muestra resultados positivos y ventajas comparativas asociadas con el uso de un equipo multidisciplinario que aplica métodos especializados (científicos y tecnológicos) relacionados con el proceso que se está controlando. En particular, parece aumentar la posibilidad de romper los círculos de colusión y cohecho mediante la supervisión sistemática durante los hitos que corren mayor riesgo a lo largo del proceso de ejecución de una obra pública. Es más, modifica la estructura de incentivos de los funcionarios públicos y las entidades privadas para participar en conductas ilícitas, también promueve el control social y mejoras importantes en la transparencia del control y la rendición de cuentas, mediante una difusión plena de los informes de control.

Fuente: (Shack Yalta, 2019[18]).

- La **Defensoría del Pueblo** es una institución independiente encargada de promover los derechos de los ciudadanos, que supervisa el cumplimiento de las obligaciones del Estado y vigila el funcionamiento de los servicios públicos. Es miembro de la Comisión de Alto Nivel Anticorrupción (con voz, pero sin derecho a voto) y, a nivel regional, 28 oficinas regionales participan en las Comisiones Regionales Anticorrupción (CRA). Como parte de su trabajo de combate a la corrupción, la Defensoría ha estado vigilando el estado de actividad de las CRA (Defensoria del Pueblo, 2018[10]) así como procesos penales por corrupción en curso contra funcionarios públicos por departamento (gráfico 2.2)

- El **Ministerio de Justicia y Derechos Humanos** es responsable, entre otras tareas, de garantizar la transparencia y el acceso a la información ya que una de sus Direcciones Generales ejerce la función de Autoridad Nacional de Transparencia y Acceso a la Información Pública. En el Ministerio, el Tribunal de Transparencia y Acceso a la Información Pública es un órgano decisorio con independencia funcional, al cual se puede apelar para resolver todo conflicto relacionado con la transparencia y el derecho de acceso a la información pública por parte de las entidades públicas. En estos temas, los gobiernos regionales están sujetos a varias obligaciones como cualquier otra entidad pública, incluso el nombramiento de un funcionario responsable del acceso a la información y de las tareas relacionadas con la transparencia (Ministerio de Justicia y Derechos Humanos, 2019[19]). La Procuraduría Pública Especializada en Delitos de Corrupción, subordinada al Ministerio de Justicia, ejerce la defensa jurídica del Estado a nivel nacional mediante el ejercicio de actuaciones en materia procesal, el cobro de reparaciones civiles y la recuperación de activos relacionados con delitos de corrupción.

- El **Ministerio Público** (MP) es una institución constitucionalmente autónoma del Estado cuyas principales funciones son la protección del principio de legalidad, los derechos de los ciudadanos y los intereses públicos, la representación del Estado ante los tribunales, el enjuiciamiento del delito y la reparación civil. El MP está integrado por diversas unidades y oficinas regionales y suprarregionales, que incluyen unidades dedicadas a la investigación y enjuiciamiento por corrupción.

- El **Poder Judicial** es la institución que ejerce y administra la justicia en el Perú con base en la Constitución y la ley. Aunque la Corte Suprema de Justicia tiene competencia en todo el territorio nacional, las Cortes Superiores tienen jurisdicción a nivel subnacional en el Perú, es decir, en sus 35 distritos judiciales distribuidos entre las 25 regiones peruanas.

Además, hay interesados del sector público peruano que —aunque no son directamente responsables de los temas de integridad— influyen en los sistemas regionales de integridad ya que coordinan a los dirigentes regionales, gobiernan las principales zonas con riesgo de corrupción o desempeñan una función en la formulación de políticas públicas estratégicas. Estos incluyen:

- La **Asamblea Nacional de Gobiernos Regionales** (ANGR) es una organización compuesta por los gobernadores de los 25 gobiernos regionales que promueve buenas prácticas de gobernanza, la transparencia y la lucha contra la corrupción; apoya iniciativas de integración regional y formula propuestas para fomentar la descentralización.

- El **Ministerio de Economía y Finanzas** (MEF), que es responsable de formular, proponer, ejecutar y evaluar políticas públicas, reglamentos y directrices técnicas relacionadas con la contratación pública.

- El **Organismo Supervisor de las Contrataciones del Estado** (OSCE), una entidad pública autónoma adscrita al Ministerio de Economía y Finanzas que supervisa los procesos de contratación pública, verificando en forma selectiva y/o aleatoria los procedimientos efectuados por las entidades públicas en la adquisición de bienes, servicios u obras. En el pasado, el OSCE llevó a cabo un Programa de Acompañamiento y Seguimiento, en el que también participaron algunos gobiernos regionales, cuyo objetivo era promover mejoras en la gestión de la contratación pública, así como reducir al mínimo los errores e incumplimientos frecuentes en los procesos y diseñar buenas prácticas de contratación. A lo largo del programa de apoyo, los riesgos comunes observados se relacionaban con limitados controles para detectar el incumplimiento de la normativa, falta de documentos estandarizados, programación inexistente del proceso de contratación, conocimientos insuficientes, número limitado de empleados en los órganos de contratación con certificación del OSCE, capacitación insuficiente, organización interna poco clara de las funciones y responsabilidades, así como un elevado número de errores al aplicar la normativa sobre contratación pública correctamente. Tomando en cuenta estas deficiencias comunes, el OSCE diseñó un nuevo programa de asistencia técnica y monitoreo en 2020. Este se centra en proyectos prioritarios a nivel nacional, regional y local supervisando todo el ciclo de adquisiciones. Se organizan reuniones semanales con el MEF para proporcionar asistencia oportuna. Actualmente se proporciona asistencia técnica a los 24 gobiernos regionales. Este apoyo permanente a lo largo de todo el ciclo del proyecto permite identificar irregularidades y riesgos de integridad para disminuirlos en forma proactiva.

- **Perú Compras** (PC) que fue creado en 2008 —entró en funcionamiento en 2015— para aumentar los ahorros en el sistema de contratación pública al obtener precios más bajos y menores costos de transacción, también en apoyo a las entidades subnacionales y su coordinación en las compras. (OCDE, 2017[20])

- El **Centro Nacional de Planeamiento Estratégico** (CEPLAN), también integrado en la Presidencia del Consejo de Ministros, desempeña una función de coordinación entre las regiones y el gobierno nacional en la medida en que es el órgano rector, orientador y coordinador del Sistema Nacional de Planeamiento Estratégico, promoviendo el desarrollo de la planeación estratégica como instrumento técnico de gobierno y gestión.

Desafíos para implementar el Modelo de Integridad en las regiones

Asegurar que las políticas de integridad a nivel nacional efectivamente lleguen al subnacional es uno de los desafíos más comunes para establecer un sistema de integridad coherente entre los distintos niveles de gobierno. Los mecanismos de coordinación vertical deficientes o inexistentes entre el nivel nacional y el subnacional pueden crear vacíos y amenazar la eficacia del sistema de integridad central en su conjunto. Por lo tanto, como se destaca en la *Recomendación del Consejo de la OCDE sobre Integridad Pública* (OCDE, 2017[21]), es indispensable establecer mecanismos de cooperación que apoyen la implementación "valiéndose de medios formales e informales, para favorecer la coherencia y evitar duplicidades y lagunas, y para compartir y beneficiarse de las lecciones aprendidas derivadas de las buenas prácticas".

Un fuerte enfoque descendente en el cual el nivel central establece políticas que deben aplicarse sin evaluar las necesidades específicas del nivel subnacional ni pedirle su opinión puede desalentar aún más a las instancias subnacionales y hacerlas renuentes a coordinarse. Es necesario encontrar medidas que refuercen la pertenencia entre los gobiernos subnacionales, ya que de otro modo se percibirá la estrategia establecida a nivel nacional como una obligación y se convertirá meramente en un ejercicio de marcar la casilla como tarea cumplida. En este sentido, el nivel nacional también debe emprender esfuerzos para establecer incentivos a fin de que el nivel subnacional fortalezca la integridad al recompensar la generación proactiva de modelos regionales, proporcionar recursos adecuados y mostrar los beneficios más amplios de la integridad, como un mejor rendimiento de las inversiones, prestación de bienes y servicios públicos, infundir confianza en los ciudadanos y otros similares (OCDE, 2018[1]).

En sí, implementar el modelo de integridad y la función de integridad a nivel regional depende de que se tomen en cuenta las capacidades y oportunidades específicas para fortalecer la integridad a nivel subnacional. Si el objetivo primordial es la mera creación formal del modelo y la función de integridad, sin evaluar el contexto, las capacidades, los recursos y las vulnerabilidades para la integridad ni definir prioridades y objetivos concretos y específicos que sean pertinentes para la ciudadanía (por ej., integridad en la salud o la educación), el modelo y la función pueden existir en el papel, pero difícilmente ejercerán las funciones y lograrán el efecto previsto, tampoco serán entendidas, apoyadas y, por ende "exigidas" por los ciudadanos.

La gran diversidad regional acentúa las diferencias económicas y las desigualdades sociales

El *Estudio Territorial de la OCDE: Perú 2016* (OCDE, 2016[16]), efectuado conforme al Programa País de la OCDE, muestra las principales dificultades que enfrenta el desarrollo nacional del país originado en las persistentes y graves desigualdades regionales y la concentración excesiva de la actividad económica en algunos territorios, sobre todo en Lima, aunado al aislamiento físico de otras regiones remotas en el sur y el este del país. Las regiones costeras suelen tener mejores condiciones socioeconómicas que las regiones de la sierra y la selva en el interior del país. Las economías de las regiones costeras están más diversificadas, con actividades fabriles, comerciales y de servicios. Las regiones de la sierra y la selva, que en general son más rurales, dependen de los recursos y se especializan en diferentes productos minerales y agrícolas.

El sector informal es elevado en todas las regiones. Por ejemplo, el Instituto Nacional de Estadística e Informática (INEI) reporta un nivel de alrededor del 72% de empleo informal. La relación entre la corrupción y la informalidad es compleja (de Soto, 1989[22]; Choi and Thum, 2005[23]; Andres and Ramlogan-Dobson, 2011[24]), pero operar en el sector informal suele inducir riesgos de corrupción específicos, como el soborno y la extorsión relacionados con las inspecciones del espacio público o con las licencias comerciales. Las regiones también pueden verse afectadas en distintos grados por actividades económicas ilícitas, como la minería o tala ilegal que a menudo se relacionan con la delincuencia organizada. Por ejemplo, las actividades de delincuencia organizada por tráfico de drogas se relacionan con las zonas de producción y el acceso a puertos o fronteras desde las cuales pueden exportar las drogas. Por último, las actividades ilegales en torno a la prostitución pueden existir en todos lados, pero podrían concentrarse en ciertas zonas, sobre todo donde se practica la minería ilegal y en pequeña escala. El denominador común de todas estas actividades ilegales es que suelen utilizar prácticas corruptas para operar y hacerse de la vista gorda ante las acusaciones. En sí, el alcance de las actividades ilegales afectará en forma importante los tipos y extensión de prácticas corruptas en una determinada región.

Dentro de estos ejemplos más amplios, cada región tiene sus propias características socioeconómicas y ecológicas particulares que, a su vez, tienen distintas vulnerabilidades a la corrupción (OCDE, 2016[16]). Esta diversidad pone en tela de juicio la afirmación de implementar un modelo igual para todos. Más bien, el contexto específico debe tomarse en cuenta al elaborar un método para fortalecer la integridad a nivel subnacional.

La descentralización es un trabajo en curso

La descentralización puede resolver el problema de la desconfianza a gran escala en el gobierno. Con el empoderamiento a nivel subnacional, los ciudadanos potencialmente pueden intervenir en los procesos de deliberación, mientras que a los funcionarios públicos se les puede exigir que rindan cuentas por los resultados finales y los beneficios de sus actos. Sin embargo, la falta de integridad a nivel subnacional es un riesgo grave para las reformas de descentralización ya que estas llevan a que se transfieran recursos y se delegue poder de decisión.

Desde 2002, el Perú ha avanzado en cuanto a descentralización administrativa y política, con la elección de gobiernos regionales y la delegación de responsabilidades importantes al nivel subnacional. Sin embargo, el proceso está en marcha, la descentralización fiscal sigue siendo limitada, así como el grado de autonomía para tomar decisiones.

Por ejemplo, los gobernadores regionales tienen poder de decisión en cuanto a planear y ejecutar proyectos socioeconómicos y promover y aplicar inversiones públicas regionales en proyectos de infraestructura vial, energética, comunicaciones y de servicios básicos. Pero los gobernadores siguen dependiendo de la aprobación del nivel central para muchas decisiones claves. De modo similar, el proceso no ha incluido medidas de descentralización fiscales como cambios en los acuerdos fiscales y de transferencia. Por último, no hay una estrategia coherente para aumentar las habilidades, las capacidades ni la supervisión en el nivel subnacional, afectando así la aplicación y puesta en práctica de la Política Nacional de Integridad a nivel regional.

Esta situación, aunada a la superposición de responsabilidades y competencias entre los niveles de gobierno y los limitados niveles de coordinación horizontal y vertical, ha impedido que el país obtenga los beneficios asociados con la descentralización (OCDE, 2016[16]). Incorporar la integridad como aspecto dominante a través de las políticas de descentralización coadyuva a fortalecer las capacidades institucionales que, a su vez, contribuyen a la aplicación eficaz de las políticas públicas. Al mismo tiempo, es crucial atacar los problemas del proceso de descentralización (recuadro 2.5), ya que obstaculizan la implementación eficaz de las políticas nacionales (incluidas las de integridad).

Recuadro 2.5. Principales desafíos de la descentralización en el Perú

El Perú ha progresado mucho en ciertos aspectos de su proceso de descentralización. Los niveles de competencias y responsabilidades en materia de gasto de los gobiernos subnacionales en muchos aspectos son similares a los de los países de la OCDE.

Pese al avance de los últimos años, un informe de la OCDE de 2016 (OCDE, 2016[16]) destacó cómo ciertas características del proceso de descentralización del Perú estaban limitando su posibilidad de liberar todo el potencial de la descentralización en conjunto:

- Las competencias y responsabilidades no están definidas claramente entre los niveles de gobierno.
- En el esquema de descentralización, hay varias duplicaciones de competencias, así como una definición limitada de las responsabilidades específicas asignadas a cada nivel de gobierno.
- Existe discordancia entre las responsabilidades asignadas a los gobiernos subnacionales y los recursos y capacidades a su disposición, lo que genera un problema sistémico relacionado con la incapacidad de ejecutar las tareas y cumplir con sus responsabilidades de manera adecuada, la falta de rendición de cuentas en materia de resultados y puede dejar a los gobiernos subnacionales muy dependientes de las transferencias a nivel nacional.
- El proceso de descentralización fue demasiado rápido en cuanto a delegar responsabilidades a los gobiernos subnacionales que no necesariamente tenían la capacidad institucional ni humana para asumirlas.
- Faltan mecanismos e incentivos eficaces para coordinar las políticas e inversiones a nivel subnacional. Estas fallas de coordinación se presentan en todos los niveles de gobierno, tanto horizontal como verticalmente.
- Las políticas se aplican en forma sectorial con acciones que pueden contradecirse entre sí a nivel local. La coordinación, más que la fragmentación, es una limitación más vinculante con respecto a la producción de mejores resultados en materia de políticas públicas.
- Los gobiernos subnacionales dependen mucho de las transferencias como fuente de ingresos. En su mayor parte, las transferencias tienen un uso designado o consisten en gastos desconcentrados, lo que limita la autonomía de los gobiernos subnacionales y en particular de los gobiernos regionales, para adaptar las políticas a las necesidades y circunstancias locales.
- Los incentivos y la capacidad para crear ingresos fiscales a nivel subnacional son limitados. Los ingresos de los gobiernos subnacionales fluctúan en forma considerable y el gobierno central tiene cierta discrecionalidad en la asignación de recursos. Los ingresos fiscales subnacionales son importantes en los países descentralizados para mejorar los resultados de las políticas y aumentar la eficiencia del gasto y la rendición de cuentas.
- El sistema distributivo del ingreso fiscal de las industrias extractivas (canon) está diseñado para compensar principalmente a las regiones productoras por la merma del capital natural.
- La falta de fondos de estabilización e igualación ha generado importantes desequilibrios fiscales verticales y horizontales, así como desigualdades entre las regiones.
- La falta de una integración eficaz entre la planeación y la asignación de recursos, e instrumentos presupuestarios basados en programas sumados a la discordancia de incentivos (políticos y administrativos), ha dado lugar a la producción de inversiones fragmentadas e

inferiores a lo óptimo. Esto se ve agravado por el importante papel de las municipalidades en la asignación de fondos de los cánones mineros.

- La aplicación y administración de políticas, los instrumentos de planeación y reglamentación y las inversiones no se supervisan ni evalúan de manera sistemática a nivel subnacional.

- Las políticas públicas no se aplican de manera sistemática y existe una gran variedad de resultados entre los diferentes gobiernos subnacionales.

- Las habilidades y capacidades del sector público a nivel subnacional generalmente son escasas, y no existe una estrategia coherente para solucionar este problema.

Fuente: (OCDE, 2016[16]).

Dirigentes políticos y funcionarios públicos de rango superior tienen un grado bajo de apropiación de la integridad

Uno de los principios clave expuestos en la *Recomendación del Consejo de la OCDE sobre Integridad Pública* y el Modelo de Integridad peruano es el compromiso y liderazgo de la alta dirección. Se espera que los directivos sean gerentes públicos eficaces, capaces de dirigir a sus equipos, inspirar a su personal y establecer una cultura organizacional que promueva la innovación y al mismo tiempo refuerce los valores del sector público, incluidos altos niveles de integridad y ética

Ante estas responsabilidades, el papel de los directivos para promover y gestionar de manera activa la integridad en sus instituciones no puede subestimarse. Los directivos asignan recursos a los sistemas de integridad, los designan como prioridades de la organización, supervisan su coordinación y los integran en el núcleo de la gestión de su institución. Sin directivos comprometidos, los sistemas de integridad no pueden producir el efecto deseado. Es más, al dar el ejemplo personal, los directivos son un factor medular para establecer y reforzar una cultura de integridad en las instituciones del sector público (OCDE, 2020[25]).

La voluntad política a nivel subnacional responde a sus propios incentivos con una dinámica de poder específica que depende de manera crucial de los acuerdos de descentralización, así como de las deficiencias e inconsistencias en la implementación del modelo deseado (recuadro 2.5). En el Perú, por ejemplo, la atribución formal de poderes a las entidades subnacionales es incompatible con el hecho de que se toman decisiones clave a nivel central en aspectos como la definición y asignación del presupuesto. En este contexto, los incentivos de la reforma y el "modelo de negocio" para la integridad tienden a formularse a nivel nacional, como ha ocurrido con el modelo y las funciones de integridad. Sin embargo, también se encuentran ganadores y perdedores de la reforma a nivel subnacional, y el cálculo político de la autoridad gubernamental subnacional tiene poco que ver con los incentivos para la reforma a nivel nacional y, en cambio, se relacionan directamente con su contexto inmediato, como el ciclo político regional o la demanda del Consejo Regional y de la sociedad civil local.

Las entrevistas realizadas para elaborar este informe revelaron que la mayoría de los funcionarios de alto rango en la cúpula regional tiene un conocimiento limitado de los beneficios y el alcance del modelo y las funciones de integridad. En sí, tienen y perciben muy pocos incentivos para emprender reformas en materia de integridad que no sea cumplir con las obligaciones establecidas a nivel nacional. Además, el límite del mandato para los gobernadores puede generar limitaciones en la capacidad y voluntad para aventurarse en una reforma de integridad a largo plazo y de aprovechar las reformas de integridad emprendidas por anteriores titulares del cargo.

Garantizar la integridad en la política regional

Participar en la vida pública e influir en las políticas públicas son derechos fundamentales en una democracia. Las políticas públicas incluyentes y la toma de decisiones basadas en la integridad, la participación y la transparencia legitiman y hacen que las políticas sean más eficaces, infundiendo confianza en los ciudadanos sobre sus gobiernos (OCDE, 2018[26]). Sin embargo, individuos y grupos de interés poderosos pueden utilizar su riqueza, poder o ventajas para inclinar la balanza a su favor a costa del interés público. Cuando las decisiones de política pública se apartan de manera constante o reiterada del interés público en aras de los intereses de una persona o grupo de interés específico, las políticas se capturan.

Como se hace hincapié en el *Estudio de la OCDE sobre Integridad en el Perú*, el riesgo de captura de políticas a través del financiamiento a los partidos políticos y las campañas electorales se percibe que es generalizado en el país (OCDE, 2017[6]). En particular, surgen problemas con respecto al financiamiento privado, sobre todo en la forma de contribuciones que luego se reembolsan mediante la asignación de contratos públicos y que, en algunos casos, provienen de fuentes dudosas, por ejemplo, personas que probablemente estén vinculadas con organizaciones o economías ilegales. Un ejemplo mencionado en ese estudio que es pertinente para el contexto regional sugiere que algunas organizaciones poderosas del sector privado en las industrias extractivas tienen acceso directo a funcionarios gubernamentales de alto rango e influyen en los procesos decisorios públicos a través de varios canales, de manera muy señalada mediante el financiamiento de partidos políticos y campañas electorales.

Además, la integridad de la política regional se ve socavada por la debilidad de los partidos políticos locales y el surgimiento, simultáneo, de movimientos regionales efímeros compuestos por "coaliciones de candidatos independientes" (coaliciones de independientes). Estos movimientos favorecieron la aparición de candidatos que tenían recursos y visibilidad para financiar y apoyar su propia campaña. Estas dinámicas también han generado políticas regionales dirigidas a menudo a beneficios de corto plazo y debate político debilitado sobre temas estratégicos como el desarrollo territorial. Las coaliciones además impulsaron la desaparición de los mecanismos de rendición de cuentas de los partidos. Al mismo tiempo, esta situación ha promovido el éxito de caudillos que crean partidos basados en el clientelismo y el patronazgo político (Mujica, Melgar and Zevallos Trigoso, 2017[27]; Vega Luna et al., 2018[28]).

Las restricciones presupuestarias socavan la aplicación eficaz de las políticas y medidas de integridad

Entre las dificultades que plantea la descentralización hay un desfase entre las responsabilidades de gasto asignadas a los gobiernos regionales y sus ingresos. En la actualidad, las responsabilidades delegadas a los gobiernos subnacionales se financian en su mayor parte con transferencias del gobierno nacional. Las regiones no tienen capacidad tributaria, a diferencia de las municipalidades provinciales y distritales. En sí, y confirmado en las entrevistas realizadas por la OCDE para elaborar este informe, muchos gobiernos regionales desempeñan sus funciones en un contexto de presupuestos limitados. La mayoría de los gastos de los gobiernos regionales y locales se destina al rubro de gastos del personal (en 2019, 38.5%).

La experiencia entre los países de la OCDE demuestra que para implementar plenamente las funciones que se asocian en general con una Unidad de Integridad es necesario asignar recursos adecuados (OCDE, 2019[12]). Sin embargo, en un contexto de recursos financieros limitados, será un franco desafío que los gobiernos regionales asignen el presupuesto necesario para asegurar una función de integridad totalmente operativa.

La alta rotación de personal obstaculiza el desarrollo de capacidades

La gestión de recursos humanos y la planeación de la fuerza laboral en los gobiernos subnacionales, en particular para captar y conservar una masa crítica de servidores públicos bien preparados y muy competentes en las administraciones regionales, son decisivas para mejorar la integridad. En el Perú, como en los países de la OCDE, crear capacidad y profesionalismo suficientes en los gobiernos subnacionales es fundamental para garantizar que sean capaces de cumplir con sus responsabilidades y contribuir a una cultura de integridad. Sin embargo, el proceso de descentralización incompleto en el Perú también se refleja en los bajos sueldos y en la deficiente capacidad y organización institucional en muchas de sus regiones. Por consiguiente, los desafíos que se presentan en materia de rendición de cuentas a nivel nacional se amplifican a nivel regional (OCDE, 2016[29]; OCDE, 2017[6]).

Se desprende que los gobiernos subnacionales del Perú enfrentan, en gran medida, desafíos y oportunidades similares para aumentar la capacidad y aptitudes de su fuerza laboral interna. En 2018, el 55% de los empleados del sector público peruano laboraban en el nivel subnacional (42% en el nivel regional y13% en el municipal), y aproximadamente el 45% en el nivel nacional, excluyendo a los que trabajan para el poder judicial, el legislativo o para organismos constitucionales autónomos.

Las entrevistas realizadas por la OCDE en tres regiones seleccionadas confirmaron que, con cada cambio de mandato político, las regiones experimentaban una gran rotación de personal en sus administraciones públicas. Aunque la facultad discrecional de las autoridades locales para contratar y despedir personal regional es parte del proceso de descentralización, esto entraña riesgos para la estabilidad y profesionalismo de la fuerza laboral. Un diagnóstico de conocimientos de la administración pública, realizada por SERVIR, identificó que los servidores públicos tienen en general conocimientos escasos en cuanto a presupuesto público, gestión pública y modernización. Además, esos conocimientos son mayores entre los servidores públicos de Lima que en el resto de las regiones y, en particular, en las regiones más aisladas, el este, donde hay menos presencia del Estado (recuadro 2.6).

Para solventar estos riesgos, a partir de 2020 el departamento de recursos humanos de las entidades nacionales y regionales debe exponer las necesidades y solicitar una opinión favorable de SERVIR antes de contratar personal, conforme al régimen del Contrato Administrativo de Servicios (CAS) (SERVIR Resolución N°168-2019-SERVIR-PE). En este contexto, SERVIR debería proponer un plan para crear una plataforma digital que siga la trayectoria de los procesos de recursos humanos en todo el país, lo que también podría influir de manera eficaz para asegurar la meritocracia y moderar algunos de los riesgos de integridad en la contratación de personal en el nivel regional. Como se señala en del *Estudio de la OCDE sobre Integridad*, cuando no existen medidas de protección ni controles eficaces, esto puede crear oportunidades para prácticas corruptas en el empleo (OCDE, 2017[6]) y socavar las capacidades y conocimientos de la administración pública (OCDE, 2016[29]). En este sentido, SERVIR ha estado trabajando en el diseño de una plataforma de recursos humanos en línea denominada "Talento Perú" desde julio de 2020, y planea presentar la primera versión en diciembre de 2020, en la que figuran de manera prominente los procesos relacionados con la contratación y renovación de contratos, a fin de integrar progresivamente todos los demás procesos del Sistema Administrativo de Gestión de Recursos Humanos.

Gráfico 2.6. Conocimientos de la administración pública peruana sobre presupuesto público, gestión pública y modernización

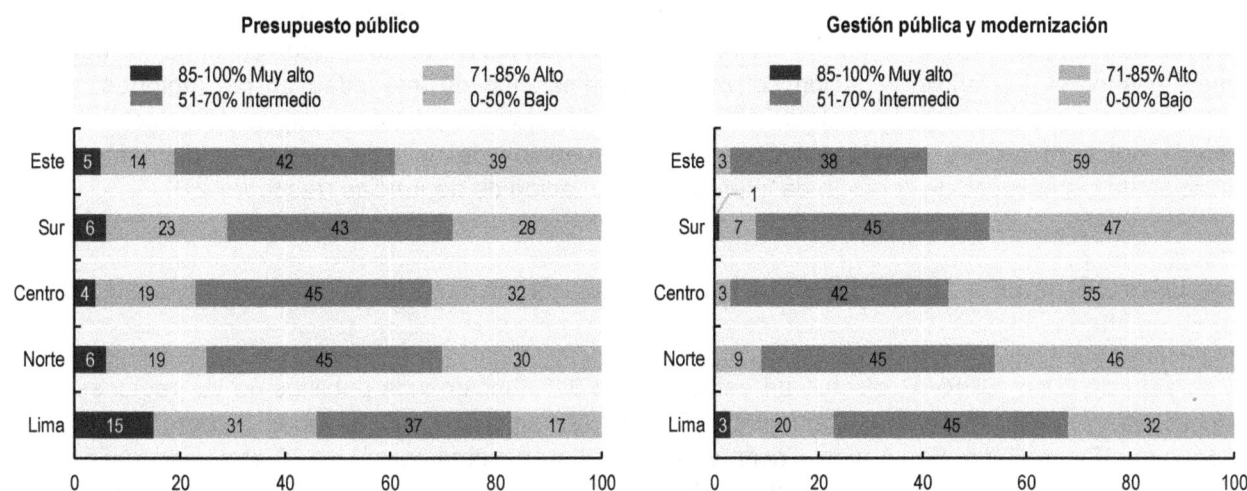

Fuente: (OCDE, 2016[29]), basada en información proporcionada por SERVIR.

Apoyar la implementación de la integridad en el gobierno, exige que los servidores públicos posean conocimientos específicos en integridad y medidas de combate a la corrupción, así como experiencia para promover ambas en toda la administración pública. Según el estudio de percepción realizado por SERVIR en 14 entidades regionales, esto es un desafío en el Perú donde la mayoría de los funcionarios entrevistados (63%) declararon no haber asistido a ninguna actividad relacionada con la ética (recuadro 2.6).

Considerando el limitado grado de capacidades y conocimientos generales de la administración pública, aunado a un alto nivel de rotación, el proceso de contratación de servidores públicos capaces de realizar la función de integridad podría resultar difícil. De modo similar, una gran rotación en la función de integridad dificulta la aplicación eficaz de las políticas de integridad. A fin de cumplir de manera adecuada con el mandato, los servidores públicos responsables de la integridad deben poseer un buen conocimiento de los procesos, las medidas previas y la estrategia general para fortalecer la integridad en el gobierno regional. De este modo, podrían implementarse estrategias prospectivas y de largo plazo (OCDE, 2016[29]).

Por lo tanto, es esencial asegurar medidas para captar y retener personal bien preparado y más profesional a nivel subnacional —incluso mediante acuerdos contractuales adecuados y planes de remuneración competitivos— a fin de garantizar cierto grado de estabilidad administrativa y evitar la transferencia de funcionarios más competentes a las entidades nacionales (la llamada fuga de cerebros). Además, se deben realizar esfuerzos para asegurar los procesos de meritocracia y moderar el riesgo de alta rotación de personal en la función de integridad. Esto contribuye a garantizar una buena transición y que los procedimientos y la gestión administrativa sean estables y viables después de un mandato electoral único (OCDE, 2016[29]).

En este contexto, SERVIR, la Secretaría de Descentralización y la Secretaría de Gestión Pública también desempeñan un papel clave en la medida en que apoyan el fortalecimiento de las capacidades para los procedimientos de contratación, pero también capacitan a empleados públicos subnacionales. La coordinación con la Secretaría de Integridad Pública en materia de integridad en los recursos humanos es indispensable. A su vez, tanto la equidad en el proceso como la posibilidad de crecer profesionalmente a nivel local pueden ser incentivos para que los funcionarios públicos consideren su desarrollo profesional en los gobiernos regionales o municipales.

Bajo nivel de implementación de la política de integridad

En general, la implementación de las políticas de integridad a nivel regional, en particular las relacionadas con los distintos componentes del modelo, sigue siendo limitada y está dispersa entre las regiones. Como se ha pormenorizado antes, la aplicación de los códigos de conducta ha sido limitada en todas las regiones (véase la sección "La implementación del modelo y la función de integridad en las regiones" en el capítulo 2). Los resultados de un estudio sobre clima ético entre funcionarios regionales efectuado por SERVIR indicaron —entre otras conclusiones— la percepción de un bajo nivel de implementación y aplicación de las políticas de conflicto de interés y presentación de denuncias (recuadro 2.6).

Recuadro 2.6. Estudio de SERVIR sobre la percepción de los servidores públicos regionales de su clima ético

A lo largo de 2018, SERVIR efectuó un estudio entre 317 funcionarios públicos de las regiones de Amazonas, Ancash, Arequipa, Cajamarca, Cusco, La Libertad, Lambayeque, Madre de Dios, Moquegua, Piura, Puno, San Martin, Tacna y Tumbes. La encuesta constó de 30 preguntas divididas en 5 bloques que buscaban medir la percepción de los servidores públicos respecto a cinco aspectos del clima ético en sus entidades públicas, a saber: (i) formación ética; (ii) sistema de valores; (iii) manejo estratégico; (iv) riesgos de corrupción; y (v) conflicto de intereses.

Según las conclusiones del informe, la mayoría de los encuestados no encuentran espacios para la reflexión ética en sus entidades y recibirían con beneplácito esas oportunidades para analizar y reflexionar sobre temas o dilemas éticos o problemas éticos. El informe también señala la necesidad de seguir implementando la función de integridad en las entidades públicas, ya que el 80 % de los encuestados declaró que no existe un área encargada de la integridad en su entidad. La debilidad en la "apertura" de la cultura organizacional de las entidades regionales se origina en los resultados, los funcionarios públicos consideran que no denunciar las posibles conductas indebidas es la opción más segura para no meterse en problemas. De modo parecido, la mayoría de los funcionarios públicos no conocen el proceso para denunciar casos de corrupción y conductas indebidas y sienten que no hay suficiente protección para quienes deciden denunciar. También se percibe que la cúpula no aplica en la práctica la política sobre conflicto de intereses, ya que existe la percepción generalizada de que los regalos u otros favores se conceden con mayor frecuencia a los altos directivos que a otros funcionarios públicos. En cuanto a las áreas de riesgo, la que corre mayor riesgo identificada por los encuestados es —por mucho— la de contratación pública (76%), seguida de la concesión de permisos y licencias (11%).

Fuente: (SERVIR, 2020[30]).

Con respecto al conflicto de intereses, las entrevistas realizadas para elaborar este informe confirmaron que existe un conocimiento muy limitado de su manejo entre los servidores públicos a nivel regional. Hasta ahora, los gobiernos regionales no han hecho esfuerzos para llevar a cabo campañas de sensibilización sobre cómo identificar y manejar las situaciones de conflicto de intereses. En muchos casos, esto genera contextos donde, en vez de identificar proactivamente una situación de conflicto de interés, los servidores públicos no la reportarán por temor a haber cometido un acto de corrupción.

Respecto a la protección de denunciantes, las disposiciones respectivas en los instrumentos legales (Ley Nº 29542 y Decreto Legislativo Nº 1327) no se han aplicado de manera efectiva y tampoco existe una estrategia de comunicación al respecto ni de evaluación de resultados. En la mayoría de los casos a nivel subnacional, las instancias gubernamentales se vincularán de manera más estrecha con los ciudadanos. Una estrategia eficaz para implementar una política para la presentación de denuncias debe reconocer que la proximidad cercana de los denunciantes con los infractores puede aumentar el riesgo de represalias. Por consiguiente, la posibilidad de mantener el anonimato y proteger contra las represalias es potencialmente incluso más importante en este nivel. Aunque algunas regiones han puesto en marcha una aplicación móvil para facilitar la presentación de denuncias o —como en el caso de Lambayeque— ofrecen la posibilidad de solicitar protección, las principales restricciones son las escasas protecciones disponibles para los servidores públicos que denuncian una conducta indebida. Aunado a la poca confianza en los procedimientos, esto desalienta a posibles denunciantes para reportarlo.

Referencias

Andres, A. and C. Ramlogan-Dobson (2011), "Is Corruption really bad for inequality? evidence from Latin America", *Journal of Development Studies*, Vol. 47/7, pp. 959-976, http://dx.doi.org/10.1080/00220388.2010.509784. [24]

Basel Institute of Governance (2020), *Resumen sobre la experiencia con Códigos de Conducta Participativos*. [14]

Basel Institute on Governance (2018), *Gestión de riesgos para la prevención de corrupción en el Perú*, http://gfpsubnacional.pe/wp-content/uploads/2018/12/Gesti%C3%B3n-de-riesgos_final.pdf. [15]

Basel Institute on Governance (2018), *Guía para la implementación participativa de un Código de Conducta*, http://gfpsubnacional.pe/wp-content/uploads/2018/12/Fortaleciendo-la-Gesti%C3%B3n-Descentraliza_final.pdf. [13]

CAN (2016), *Lineamientos para la creación de Comisiones Regionales Anticorrupción*, Comisión de Alto Nivel Anticorrupción, https://can.pcm.gob.pe/wp-content/uploads/2016/07/Lineamientos-creaci%c3%b3n-de-Comisiones-Regionales-Anticorrupci%c3%b3n.pdf. [9]

CAN (2015), *Guía para la formulación de planes regionales anticorrupción pasos y cronograma*, Comisión de Alto Nivel Anticorrupción, https://can.pcm.gob.pe/wp-content/uploads/2015/08/GUIA-PARA-LA-FORMULACION-DE-PLANES-REGIONALES-ANTICORRUPCION.pdf. [11]

Choi, J. and M. Thum (2005), "Corruption and the Shadow Economy", *International Economic Review*, Vol. 46/3, pp. 817-836, http://dx.doi.org/10.1111/j.1468-2354.2005.00347.x (consultado el 29 de diciembre de 2014). [23]

Comisión Presidencial de Integridad (2017), *Informe de la Comisión Presidencial de Integridad*, https://plataformaanticorrupcion.pe/wp-content/uploads/2017/07/Informe-Final-Comision-Presidencial-de-Integridad.pdf (consultado el 4 de mayo de 2020). [7]

de Soto, H. (1989), *The Other Path: The Invisible Revolution in the Third World*, Harper & Row. [22]

Defensoria del Pueblo (2018), *Comisiones Regionales Anticorrupción: diagnostico y recomendaciones para mejorar su funcionamiento*, https://www.defensoria.gob.pe/wp-content/uploads/2018/12/BOLETIN-ANTICURRUPCION.pdf. [10]

Defensoría del Pueblo (2019), *Mapas de casos de corrupción de funcionarios en trámite por departamento en el 2016 y 2018*, https://www.defensoria.gob.pe/wp-content/uploads/2019/05/Mapas-de-la-Corrupci%C3%B3n-Nro.-1-Mayo-actualizado-FINAL.pdf (consultado el 6 de febrero de 2020).   [8]

Ministerio de Justicia y Derechos Humanos (2019), *Obligaciones de los gobiernos regionales y locales en materia de transparencia y acceso a la información pública*, https://www.minjus.gob.pe/wp-content/uploads/2020/02/CARTILLA_OBLIGACIONES.pdf (consultado el 2 de junio de 2020).   [19]

Mujica, J., S. Melgar and N. Zevallos Trigoso (2017), "Corrupción en gobiernos subnacionales en el Perú: Un estudio desde el enfoque de la oportunidad delictiva.", *Elecciones*, Vol. 16/17, https://dialnet.unirioja.es/servlet/articulo?codigo=6783383 (consultado el 5 de junio de 2020).   [27]

OCDE (2020), *Manual de la OCDE sobre Integridad Pública*, OECD Publishing, París, https://dx.doi.org/10.1787/8a2fac21-es.   [25]

OCDE (2019), *Las Oficinas de Integridad Institucional en el Perú: Hacía la implementación de un sistema de integridad*, OCDE, París, http://www.oecd.org/gov/ethics/oficinas-integridad-institucional-Peru.pdf.   [12]

OCDE (2018), *Contra la captura de políticas públicas: Integridad en la toma de decisiones públicas*, Estudios de la OCDE sobre Gobernanza Pública, OECD Publishing, París, https://dx.doi.org/10.1787/9789264306769-es.   [26]

OCDE (2018), *Integridad para el buen gobierno en América Latina y el Caribe: De los compromisos a la acción*, OECD Publishing, París, https://dx.doi.org/10.1787/9789264307339-es.   [1]

OCDE (2018), *Panorama de las Administraciones Públicas 2017*, OECD Publishing, París/Instituto Nacional de Administración Pública, Madrid, https://dx.doi.org/10.1787/9789264304543-es.   [3]

OCDE (2017), *Estudio de la OCDE sobre Integridad en el Estado de Coahuila, México: Recuperando la confianza a través de un sistema de integridad*, Estudios de la OCDE sobre Gobernanza Pública, OECD Publishing, París, https://dx.doi.org/10.1787/9789264283114-es.   [2]

OCDE (2017), *Estudio de la OCDE sobre integridad en el Perú: Reforzar la integridad del sector público para un crecimiento incluyente*, Estudios de la OCDE sobre Gobernanza Pública, OECD Publishing, París, https://dx.doi.org/10.1787/9789264271470-es.   [6]

OCDE (2017), *La Contratación Pública en el Perú: Reforzando Capacidad y Coordinación*, Estudios de la OCDE sobre Gobernanza Pública, OECD Publishing, París, https://dx.doi.org/10.1787/9789264281356-es.   [20]

OCDE (2017), *Recomendación del Consejo de la OCDE sobre Integridad Pública*, OECD/LEGAL/0435, https://legalinstruments.oecd.org/en/instruments/OECD-LEGAL-0435.   [21]

OCDE (2016), *Estudios de la OCDE sobre Gobernanza Pública: Perú: Gobernanza integrada para un crecimiento inclusivo*, Estudios de la OCDE sobre Gobernanza Pública, OECD Publishing, París, https://dx.doi.org/10.1787/9789264265226-es.   [29]

OCDE (2016), *OECD Territorial Reviews: Peru 2016*, OECD Territorial Reviews, OECD Publishing, París, https://dx.doi.org/10.1787/9789264262904-en. [16]

Procuraduría Pública Especializada en Delitos de Corrupción (2017), *Sospecha generalizada de corrupción contra gobernadores y alcaldes del país*, https://plataformaanticorrupcion.pe/wp-content/uploads/2017/07/INFORME-CORRUPCION-SOBRE-GOBERNADORES-Y-ALCALDES.pdf (consultado el 6 de noviembre de 2020). [5]

Proética (2019), *XI Encuesta Nacional Anual Sobre Percepciones de Corrupción*, https://www.proetica.org.pe/contenido/xi-encuesta-nacional-sobre-percepciones-de-la-corrupcion-en-el-peru-2019/ (consultado el 25 de mayo de 2020). [4]

Secretaría de Descentralización (s.f.), *Objetivos y Funciones | Portal de la Secretaría de Descentralización*, https://www.descentralizacion.gob.pe/index.php/objetivos-y-funciones/ (consultado el 3 de febrero de 2020). [17]

SERVIR (2020), *Estudio de percepciones de los servidores civiles sobre el clima ético de sus entidades públicas*, https://storage.servir.gob.pe/servicio-civil/clima-etico-2019.pdf (consultado el 4 de mayo de 2020). [30]

Shack Yalta, N. (2019), *Concurrent Control Model as the Driving Core of a Preventive, Prompt and Timely Approach to Government Control in Peru*. [18]

Vega Luna, E. et al. (2018), *El Círculo de la Corrupción en los Gobiernos Regionales. Los casos de Cusco, Ayacucho, Moquegua, Piura y Madre de Dios*, https://www.kas.de/c/document_library/get_file?uuid=b8c8e02a-a788-91b0-3d21-3b6515f3f550&groupId=252038. [28]

3 Un enfoque estratégico para apoyar la integridad en las regiones del Perú

Para establecer sistemas regionales de integridad, los gobiernos regionales peruanos podrían implementar un enfoque específico e incremental, impulsado por la función de integridad y basado en las capacidades disponibles. Así, podrían responder a los principales riesgos de integridad y a una serie de áreas prioritarias sobre las cuales las políticas de integridad podrían aplicarse. Además, esta función de integridad podría potenciar y mejorar la sostenibilidad de las Comisiones Regionales Anticorrupción (CRA) y servir de enlace entre el gobierno regional y otros actores de la integridad a nivel regional y nacional. La función de integridad regional podría ser reforzada y apoyada por la Secretaría de Integridad Pública (SIP) y una serie de otros actores nacionales, proporcionando dirección y asistencia estratégica, movilizando el compromiso de alto nivel, creando capacidades técnicas y promoviendo diálogos entre las regiones.

Los desafíos en el nivel regional descritos en el capítulo 2 requieren se elabore un enfoque estratégico que apoye la promoción de la integridad pública en los gobiernos regionales. Dicho enfoque debe tomar en cuenta la realidad regional y, en particular, las capacidades disponibles y los riesgos de integridad imperantes. En sí, los gobiernos regionales podrían centrarse en algunas prioridades clave relacionadas con la integridad para generar un mayor efecto. Además, la función de integridad dentro del gobierno regional podría aprovechar el papel de la Comisión Regional Anticorrupción y apoyar su labor. Por último, distintas instancias del nivel nacional pueden contribuir directa o indirectamente a promover un entorno propicio para la integridad pública en las regiones. En particular, la Secretaría de Integridad Pública tiene un papel fundamental al apoyar directamente los trabajos regionales en materia de integridad pública, asegurando al mismo tiempo una coordinación estrecha y coherencia con la contribución de otras instancias pertinentes, como la CAN y la PCM.

Establecer normas realistas para la función asesora de integridad en los gobiernos regionales

Concordancia entre el mandato, actividades y características de las funciones de integridad y las realidades regionales

Todas las entidades públicas tienen la obligación legal de implementar la función de integridad (véase la sección "La implementación del modelo y la función de integridad en las regiones" en el capítulo 2). Sin embargo, los gobiernos regionales del Perú se beneficiarían de un método progresivo cuyo objetivo sea una implementación gradual y que se elabore junto con varias prioridades y riesgos locales. Esto también debe tomar en cuenta las dificultades de carácter contingente y estructural con que se topan los gobiernos regionales.

Si el modelo de integridad se implementara al mismo tiempo y a plenitud en todas las regiones, es muy probable que solo existiera en el papel en muchas regiones sin que cumpla su mandato ni genere efectos, debido a las limitadas capacidades y recursos de los gobiernos regionales. A su vez, esto podría crear cinismo entre los funcionarios públicos y la ciudadanía en general, al cuestionar el compromiso de las reformas de integridad y socavar el apoyo para reformas futuras y en curso. Como se mencionó, actualmente solo cinco gobiernos regionales (Amazonas, Cajamarca, La Libertad, Lambayeque, Piura) han establecido una función de integridad a la fecha (Anexo A), y solo una de ellas tiene un historial comprobado de actividades pasadas y una estrategia planeada.

Aunque tanto el Plan Nacional como la Resolución de la SIP Nº 1-2019-PCM/SIP ya contemplan diversas opciones para institucionalizar la función de integridad, la realidad a nivel regional exige orientación incluso más individualizada —y flexible— para diseñar e implementar la función. Como se examina en la sección "Desafíos para implementar el Modelo de Integridad en las regiones" en el capítulo 2, varios desafíos a los que se enfrentan los gobiernos regionales justifican un enfoque diferenciado de ese tipo. Esto también incluiría que se proporcione orientación a nivel nacional.

Ese enfoque diferenciado podría tomar en cuenta la asimetría entre las instituciones centrales y regionales en lo referente a su tamaño, que también puede utilizarse como valor sustituto del nivel de capacidades institucionales, recursos disponibles y apoyo necesario. Al mismo tiempo, el enfoque proporcionaría varias opciones capaces de adaptar la función de integridad a las diversas realidades regionales del Perú (económicas, pero también políticas y geográficas), así como a los respectivos niveles de riesgo de integridad exógenos o ambientales y a las tipologías de cada región. Estos dos aspectos importantes, tamaño y nivel de riesgos de corrupción, también se mencionan en el Plan Nacional de Integridad (recuadro 2.2) y en la Resolución Nº 1-2019-PCM/SIP (Artículo 6.5). En sí, se propone una guía indicativa de la SIP para orientar las políticas y asesorar su implementación, a fin de categorizar las regiones junto con estos dos aspectos (cuadro 3.1).

Cuadro 3.1. Categorización de las regiones por riesgo y tamaño

Tamaño	Riesgo		
	Bajo	Medio	Alto
Pequeño	1	2	2
Mediano	2	3	3
Grande	2	3	4

La SIP debería elaborar, dirigir y poseer una metodología detallada para seleccionar los criterios pertinentes, identificar fuentes de información fiables y formular indicadores para poner en práctica y medir ambos aspectos, entablando un diálogo y llegando a un acuerdo con las regiones. La matriz podría ser aprobada por la Comisión de Alto Nivel Anticorrupción para institucionalizar y legitimar la función de integridad en las regiones. Para apoyar este proceso, la Secretaría de Integridad Pública podría considerar varios criterios, algunos de los cuales han sido señalados por los representantes de los gobiernos regionales durante un taller de validación celebrado en septiembre de 2020 (cuadro 3.2).

Cuadro 3.2. Criterios propuestos para clasificar las regiones del Perú por tamaño y riesgo de integridad/corrupción

Tamaño	Riesgo de integridad/corrupción
• ingreso per cápita • número de empleados • monto del presupuesto • transferencia del gobierno central	• exposición a actividades y sectores económicos en riesgo, como la minería y la extracción de recursos naturales • tasa de rotación de personal y régimen de contratación/remuneración • porcentaje de adjudicaciones directas y licitaciones de menor cuantía en la contratación pública • Incidencia de las actividades de grupos de delincuencia organizada u otras actividades ilícitas • resultados de las encuestas de victimización y percepción de la corrupción • desempeño de los gobiernos regionales con relación al Modelo de Integridad • recursos utilizados para las consultorías • percepción de los ciudadanos sobre la gestión de los gobiernos regionales, según informe del Instituto Nacional de Estadísticas e Informática sobre la percepción de la ciudadanía de la gobernanza, democracia y confianza en las instituciones • costo de la corrupción y de conducta indebida funcional calculado por la Contraloría General de la República

Fuente: (Shack, Pérez and Portugal, 2020[1]); (National Institute of Statistics and Informatics, 2020[2]).

La configuración institucional y la lista de actividades —entre las definidas en la Resolución Nº 1-2019-PCM/SIP— que podrían considerarse como requisitos mínimos para implementar la función de integridad deberían basarse entonces en la categoría que la matriz le asigne a cada región (cuadro 3.3). Por consiguiente, cada categoría sería el punto de partida para implementar gradualmente la función de integridad completa en el gobierno regional que —como mínimo— debe centrarse en las tareas relacionadas con la evaluación de riesgos, la política de integridad y supervisar la implementación del modelo de integridad. Además, deben definirse varios sectores de aplicación prioritarios, como la minería, salud, educación o infraestructura, por ejemplo, basándose en la evaluación de los riesgos y debilidades locales.

En cuanto a la configuración institucional, aunque el acuerdo ideal es establecer una Oficina de Integridad Institucional (OII) para asumir el puesto clave dentro del gobierno regional y es el objetivo primordial de cualquier entidad, se considera que las opciones previstas en el marco jurídico podrían igualmente ser idóneas en contextos de recursos muy limitados, que es una realidad en muchas regiones del Perú. Cualquier opción que se seleccione exigirá que se presenten informes directamente al gobernador o a la máxima autoridad administrativa (y la SIP).

Un enfoque de este tipo para los Gobiernos Regionales coincide con la orientación y criterios estipulados en la Resolución N° 1-2019-PCM/SIP —ya que acerca cada vez más la función a las realidades regionales y permite su implementación gradual tras estudiar de manera detenida los desafíos previamente identificados—, y se rige por la matriz (véase la sección "Desafíos para implementar el Modelo de Integridad en las regiones" en el capítulo 2 y cuadro 3.1).

Cuadro 3.3. Tareas y acuerdos institucionales recomendados para las funciones regionales de integridad por categoría de riesgo/tamaño

| | Categoría de región conforme a la matriz | | | |
	1	2	3	4
Tipología de acuerdos institucionales (mínimo)	Unidad funcional o grupo de trabajo permanente adscrito a la máxima autoridad administrativa o al departamento de recursos humanos (por delegación).	Unidad funcional o grupo de trabajo permanente adscrito a la máxima autoridad administrativa o al departamento de recursos humanos (por delegación).	OII (2-3 personas) rindiendo cuentas a la máxima autoridad administrativa	OII (4-X personas) rindiendo cuentas a la máxima autoridad administrativa
Tareas que deben realizarse (como mínimo)	• Apoyo en la identificación y gestión de los riesgos de corrupción (2) • Proponer acciones de integridad y lucha contra la corrupción, así como supervisar su cumplimiento (3) • Proponer la incorporación de objetivos y acciones de integridad en los planes estratégicos y presupuesto de la entidad (1/3) • Si se le asignan las responsabilidades de recibir quejas/denuncias sobre actos de corrupción, remitirlas a los órganos competentes, darles seguimiento y sistematizarlas, garantizando la reserva de la información (7) • Supervisar la implementación gradual del modelo de integridad (8)	• Apoyo en la identificación y gestión de los riesgos de corrupción (2) • Proponer acciones de integridad y lucha contra la corrupción, así como supervisar su cumplimiento (3) • Proponer la incorporación de objetivos y acciones de integridad en los planes estratégicos y presupuesto de la entidad (1/3) • Supervisar la implementación gradual del modelo de integridad (8) • Implementar, conducir y dirigir la estrategia institucional de integridad y lucha contra la corrupción, así como supervisar su cumplimiento (3) • Coordinar con la máxima autoridad administrativa y los demás órganos o unidades orgánicas de la entidad, la planificación, ejecución, seguimiento y evaluación del sistema de control interno (5) • Si se le asignan las responsabilidades de recibir quejas/denuncias sobre actos de corrupción, remitirlas a los órganos competentes, darles seguimiento y sistematizarlas, garantizando la reserva de la información (7) • Orientar y asesorar a los funcionarios públicos sobre dudas, dilemas éticos, situaciones de conflicto de interés, así como sobre los mecanismos de denuncia y	• Apoyo en la identificación y gestión de los riesgos de corrupción (2) • Proponer acciones de integridad y lucha contra la corrupción, así como supervisar su cumplimiento (3) • Proponer la incorporación de objetivos y acciones de integridad en el presupuesto y planes estratégicos de la entidad (1/3) • Supervisar la implementación gradual del modelo de integridad (8) • Implementar, conducir y dirigir la estrategia institucional de integridad y lucha contra la corrupción, así como supervisar su cumplimiento (3) • Coordinar con la máxima autoridad administrativa y los demás órganos o unidades orgánicas de la entidad, la planificación, ejecución, seguimiento y evaluación del sistema de control interno (5) • Coordinar e implementar el desarrollo de actividades de capacitación en materia de ética pública, transparencia y acceso a la información pública, gestión de intereses, conflicto de intereses, control interno y otras materias vinculadas con la integridad y lucha contra la corrupción (6)	• Apoyo en la identificación y gestión de los riesgos de corrupción (2) • Proponer acciones de integridad y lucha contra la corrupción, así como supervisar su cumplimiento (3) • Proponer la incorporación de objetivos y acciones de integridad en el presupuesto y planes estratégicos de la entidad (1/3) • Implementar, conducir y dirigir la estrategia institucional de integridad y lucha contra la corrupción, así como supervisar su cumplimiento (3) • Supervisar el cumplimiento de la normativa vigente de transparencia, gestión de intereses y conflicto de intereses (4) • Coordinar con la máxima autoridad administrativa y los demás órganos o unidades orgánicas de la entidad, la planificación, ejecución, seguimiento y evaluación del sistema de control interno (5) • Coordinar e implementar el desarrollo de actividades de capacitación en materia de ética pública, transparencia y acceso a la información pública, gestión de intereses, conflicto de intereses, control interno y otras materias vinculadas con la integridad y lucha contra la corrupción (6) • Si se le asignan las responsabilidades de recibir quejas/denuncias sobre actos de corrupción, remitirlas a los

	Categoría de región conforme a la matriz			
	1	**2**	**3**	**4**
		medidas de protección existentes en la entidad y otros aspectos de las políticas de integridad (7)	• Si se le asignan las responsabilidades de recibir quejas/denuncias sobre actos de corrupción, remitirlas a los órganos competentes, darles seguimiento y sistematizarlas, garantizando la reserva de la información (7) • Orientar y asesorar a los funcionarios públicos sobre dudas, dilemas éticos, situaciones de conflicto de interés, así como sobre los mecanismos de denuncia y medidas de protección existentes en la entidad y otros aspectos de las políticas de integridad (7)	órganos competentes, darles seguimiento y sistematizarlas, garantizando la reserva de la información (7) • Otorgar medidas de protección al denunciante o testigos cuando corresponda (7) • Orientar y asesorar a los funcionarios públicos sobre dudas, dilemas éticos, situaciones de conflicto de interés, así como sobre los mecanismos de denuncia y medidas de protección existentes en la entidad y otros aspectos de las políticas de integridad (7) • Supervisar la implementación del modelo de integridad (8)

Nota: Los números juntos a las tareas se refieren al número del componente del modelo de integridad al que corresponden (véase la sección "La implementación del modelo y la función de integridad en las regiones" en el capítulo 2"). Como parte del componente sobre denuncias del modelo de integridad, a la función de integridad se le puede asignar la recepción de denuncias. De ser así, la tarea de la función de integridad consistiría en remitirlas a las instancias pertinentes (por ejemplo, Secretaría Técnica de Procedimientos Administrativos Disciplinarios; Ministerio Público, Órgano de Control Institucional) y asegurar el seguimiento, más que tramitarlas. Como se destaca en (OCDE, 2019[3]), el trámite e investigación de denuncias requieren recursos sustanciales y excederían la labor de prevención que se encomienda a la función de integridad en la entidad.

Establecer prioridades basándose en los riesgos y debilidades regionales

A la vez que se establece el modelo de integridad y se asegura que se sienten las bases para un sistema de integridad en las regiones, los gobiernos regionales —en coordinación con la Secretaría de Integridad Pública— podrían identificar prioridades a partir de un instrumento de diagnóstico que evalúe las fortalezas y debilidades internas, así como las oportunidades y amenazas externas del gobierno regional (también conocido como análisis FODA). Un insumo importante para este diagnóstico —pero no el único— sería la minuciosa evaluación del riesgo de integridad que realiza la función de integridad. También podrían definirse prioridades al tomar en cuenta el avance en la implementación del Modelo de Integridad medido por el Índice de Integridad Pública, que está creando la SIP y que será un insumo clave para el programa de integridad o el plan de trabajo de la integridad. Al mismo tiempo, podrían definirse teniendo en cuenta las áreas de prestación de servicios públicos —o incluso los servicios y objetivos específicos de estas— que consideren sean las más importantes para mejorar las condiciones de vida, por ejemplo, las que contribuyan a lograr los Objetivos de Desarrollo Sostenible, y en las que incida más la corrupción. De modo parecido, a fin de crear el apoyo y aceptación de los interesados, el diagnóstico podría identificar las áreas y sectores donde sea más probable mostrar resultados tangibles o "triunfos rápidos" del fortalecimiento de la integridad.

Al aprovechar el diagnóstico, los gobiernos subnacionales —bajo la dirección del área o del servidor encargado de la función de integridad— deben identificar las prioridades para fortalecer la integridad, determinar la entidad o unidad responsable de definir un plan para implementar esas prioridades y elaborar indicadores para vigilar los avances en esa área. De este modo, los gobiernos subnacionales podrían formular una estrategia de integridad general —mientras aseguran la disponibilidad de recursos presupuestarios adecuados— que examinaría periódicamente el avance logrado para garantizar que los limitados recursos y capacidades se utilicen con la mayor eficiencia.

Respecto a las áreas prioritarias específicas, la experiencia ha demostrado que los gobiernos subnacionales podrían beneficiarse, en particular, al implementar un sistema eficaz de control interno y gestión de riesgos que a su vez coadyuve a fortalecer la administración pública y reducir el riesgo de abuso en cualquier sector económico y en varias áreas, entre ellas las de gastos discrecionales, administración de permisos y licencias y adquisiciones. De hecho, estas dos áreas prioritarias —la gestión de riesgos y el control interno— también son parte del Modelo de Integridad.

Además, la *Recomendación del Consejo de La OCDE sobre Integridad Pública* subraya la necesidad de fijar normas de conducta estrictas para los funcionarios públicos. Éstas estipulan con claridad qué comportamientos se esperan de los funcionarios públicos y proporciona un marco para que los gobiernos posibiliten una conducta ética. Como se destaca en la *Recomendación*, es fundamental pasar de un enfoque reactivo que simplemente se centre en detectar y sancionar a las personas corruptas (que por supuesto es necesario) a uno proactivo que busque apoyar, reunir y visibilizar a la gran mayoría de funcionarios públicos que se han comprometido a realizar un buen trabajo y servir al interés público con integridad.

En sí, una de las prioridades de los gobiernos regionales podría ser presentar valores y normas de conducta que comuniquen con claridad los valores y normas públicos para que cobren vida y sean parte de la cultura organizacional. Estos esfuerzos deberían aprovechar la orientación y experiencias anteriores para elaborar y aprobar un código de conducta a nivel local, como se describe en la sección "La implementación del modelo y la función de integridad en las regiones" en el capítulo 2" (Basel Institute on Governance, 2018[4]) y ser dirigidos por la Secretaría de Integridad Pública con apoyo de SERVIR y la ENAP, sobre todo para que los altos funcionarios los integren como un elemento dominante de su labor. Otros gobiernos regionales podrían seguir estos ejemplos y elaborar de manera participativa un código de conducta que exponga las normas para la administración pública.

La función de integridad dentro del gobierno regional podría dirigir el proceso participativo de elaborar el código y apoyar a las entidades en la aplicación de medidas de sensibilización. Una labor de este tipo, elaborar e implementar un código de conducta, también es un buen ejercicio para poner sobre la mesa el tema de la integridad y puede abrir la puerta a una gran variedad de otras medidas y actividades (Boehm, 2015[5]). Por ejemplo, como segundo paso, un código de conducta debería contar con mayor orientación, en particular para identificar y gestionar los conflictos de interés. Además, la función de integridad podría coordinar con Recursos Humanos el diseño de cursos específicos sobre integridad, para capacitar a funcionarios públicos en ética pública y gestión de conflictos de interés. Ante la alta rotación de personal que se observa en los niveles locales, esos cursos deberían repetirse de manera periódica y ser obligatorios para todos los empleados nuevos y los tipos de contrato de empleo. El desarrollo actual de un Módulo de Inducción a la Integridad, por parte de la SIP en colaboración con la ENAP, podría ser especialmente útil para apoyar estos esfuerzos.

Al tener en cuenta la pertinencia de la alta dirección en la creación de una cultura de integridad, ciertas medidas de integridad específicas podrían centrarse en particular en la alta dirección. Al fijar normas de integridad más estrictas para la cúpula, se puede dar un ejemplo que influirá positivamente en la administración pública en general. Es más, los trabajos de sensibilización y comunicación sobre la integridad podrían centrarse en las áreas identificadas en el diagnóstico como funciones o sectores en riesgo.

La función de integridad debe dirigir, guiar, apoyar y coordinar a las instancias pertinentes en torno a las políticas de integridad dentro del gobierno regional

Al igual que en las entidades a nivel nacional, la función de integridad no es responsable— ni debe serlo— de implementar todos los aspectos de las políticas de integridad en el gobierno regional. Compatible con las tareas y prioridades propuestas anteriormente, tiene la misión esencial de articular y apoyar a todas las instancias y dependencias pertinentes del gobierno regional al considerar la implementación eficaz del modelo de integridad, promoviendo así una cultura de integridad y fortaleciendo la confianza de los ciudadanos. Por ende, no puede resolver las deficiencias de otras áreas o dependencias del gobierno regional.

Esta misión de articular puede ser especialmente difícil, debido a que la función de integridad dentro de los gobiernos regionales no existe o es incipiente. Además, las limitaciones estructurales de los gobiernos regionales también pueden afectar a todas las instancias pertinentes del sistema de integridad local. De hecho, en las entrevistas se destacaron las vulnerabilidades estructurales relacionadas con el presupuesto, los acuerdos organizacionales y la especialización del personal. Al mismo tiempo, en una región que aún no instituye la función de integridad lamentaron que la ausencia de esa misión de articular se tradujo en un conocimiento deficiente de las iniciativas o instrumentos pertinentes en todo el gobierno regional que podrían apoyar el trabajo de integridad de otras instancias sin ninguna inversión adicional.

Al aprovechar el análisis de las funciones de esas instancias así como el papel que podrían desempeñar las Oficinas de Integridad Institucional en las entidades públicas a nivel central, como se analiza en un estudio anterior de la OCDE (OCDE, 2019[3]), la función de integridad en las entidades regionales debe articular y contribuir a implementar los distintos componentes del modelo de integridad al desempeñar las tareas que se resumen en el gráfico 3.1.

Gráfico 3.1. Tareas clave de la función de integridad a nivel regional

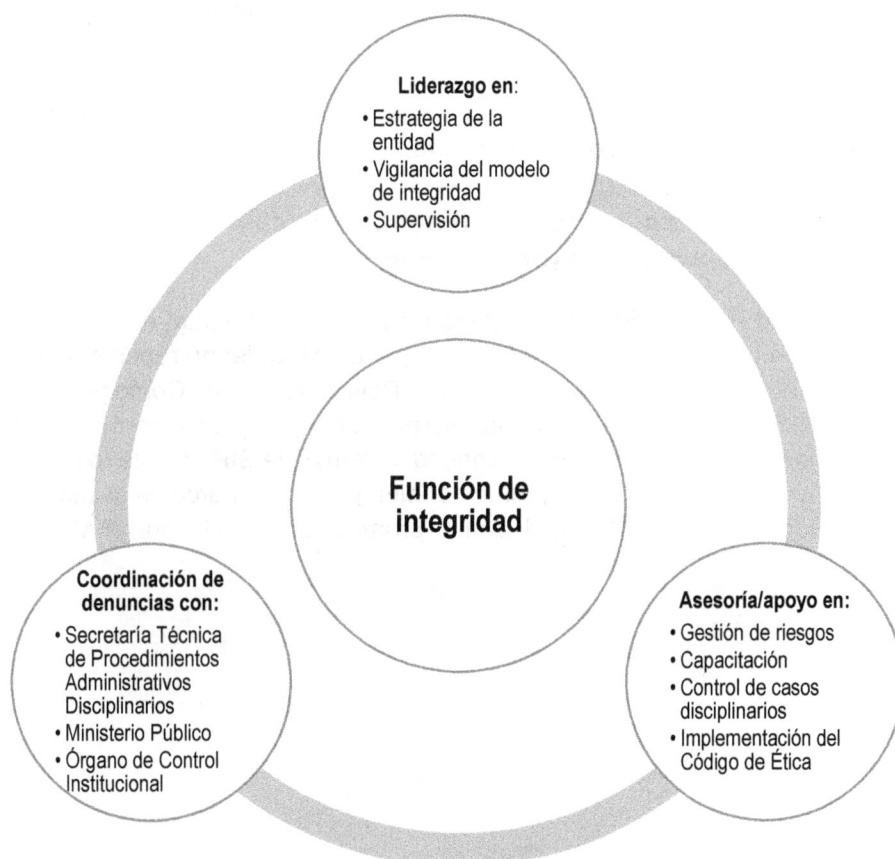

- **Liderazgo en integridad:** La función de integridad tendrá y ejercerá liderazgo en materia de integridad en la entidad, por ejemplo, al dirigir la estrategia de la entidad, vigilar la implementación del modelo de integridad (por ejemplo, actividades, iniciativas, sanciones). Esto exige una colaboración proactiva de las áreas responsables de procesos (y riesgos) administrativos clave, como los temas de adquisiciones y presupuesto, así como de las directamente responsables de todos los elementos específicos del modelo de integridad, como la Oficina de Recursos Humanos para actividades de capacitación, la Secretaría Técnica de Procedimientos Administrativos Disciplinarios para sanciones disciplinarias, y el Funcionario/Unidad de Transparencia para las actividades relacionadas con la transparencia. También es indispensable que el titular de la entidad demuestre su apoyo para asegurar el poder de convocatoria.

- **Asesoría y apoyo:** la función de integridad debe orientar y apoyar al gobernador, así como a las instancias encargadas de las medidas relacionadas con la integridad, por ejemplo, el órgano de Control Institucional para identificar los riesgos y supervisar la elaboración de mapas de riesgos, la oficina de Recursos Humanos para las actividades de capacitación y control de casos disciplinarios, o la Secretaría General para coordinar la implementación del código de ética. Esta tarea es esencial para incorporar de manera predominante y coherente todos los componentes del modelo de integridad en la entidad.

- **Coordinación:** en el componente sobre denuncias del modelo de integridad, a la función de integridad se le puede asignar la recepción de denuncias. De ser así, la tarea de la función de integridad consistiría en remitirlas a las instancias pertinentes (por ejemplo, Secretaría Técnica de Procedimientos Administrativos Disciplinarios; Ministerio Público, Órgano de Control Institucional) y asegurar el seguimiento, más que tramitarlas. Como se destaca en (OCDE, 2019[3]), el trámite e investigación de denuncias requieren recursos sustanciales y excederían la labor de prevención que se encomienda a la función de integridad en la entidad. También sería pertinente la coordinación con los Órganos de Control Institucional, subordinados a la Contraloría General de la República, y parte de la función de control externo. De hecho, los OCI podrían verificar que los gobiernos regionales implementen la gestión de riesgos, hacer recomendaciones de mejora y asegurar el intercambio de información entre las funciones de control interno y externo, por ejemplo, con respecto a los riesgos de integridad.

La Secretaría de Integridad Pública podría aumentar a escala tanto el apoyo directo como el indirecto para la función asesora de integridad

La Secretaría de Integridad Pública (SIP) desempeña un papel fundamental al supervisar y orientar las funciones de integridad en los gobiernos regionales, ya que estos le deben rendir cuentas en el aspecto técnico y funcional, en su carácter de entidad rectora de la Política Nacional. Como parte de este mandato, estipulado en la Resolución Nº 1-2019-PCM/SIP, la Secretaría puede aprobar normas y recomendaciones de naturaleza obligatoria para las funciones de integridad. Además, la SIP ha estado prestando asistencia a los Gobiernos Regionales en temas de integridad, por ejemplo, en el marco de la iniciativa La Caravana de la Justicia: Acercando la Justicia a la Ciudadanía, promovida en 2019 por el Ministerio de Justicia (recuadro 3.1).

Recuadro 3.1. La campaña Caravana de la Justicia incluyó apoyo de la SIP para la integridad en las regiones

En el transcurso de 2019, el Ministerio de Justicia y Derechos Humano promovió la campaña denominada La Caravana de la Justicia: Acercando la Justicia a la Ciudadanía, con el objetivo de acercar todos los servicios relacionados con la justicia a los ciudadanos de todas las jurisdicciones e incluyó un componente anticorrupción dirigido por la SIP, que se centró en:

- Posibilitar la creación de las Oficinas de Integridad Institucional (OII).
- Apoyar a la Comisión Regional Anticorrupción, incluida la adopción del Plan Regional de Integridad y Lucha contra la Corrupción.
- Implementar un sistema de declaración de intereses.
- Generar capacidad en integridad.

Esta iniciativa, que solo incluía a cinco gobiernos regionales, permitió establecer o reactivar las Comisiones Regionales Anticorrupción en esas regiones, así como la adopción del Plan en tres de ellas. Al mismo tiempo, permitió identificar algunas de las razones que explicaban el escaso avance para establecer las OII (la necesidad de modificar el Reglamento de Organización y Funciones, factores presupuestarios, y poca capacidad en los rubros de integridad/lucha contra la corrupción), e implantar las declaraciones de intereses, que en su mayoría se relacionaban con la voluntad política y deficiencias tecnológicas.

Fuente: SIP.

Además de estos trabajos, la SIP pudo aprovechar aún más su mandato y cargo estratégico dentro de la Comisión de Alto Nivel Anticorrupción para apoyar a las regiones en la implementación de la función de integridad en los gobiernos regionales. Esto se vuelve decisivo, sobre todo al considerar la capacidad y los recursos limitados a nivel regional, pero también la necesidad de contar con una estrategia que comunique mejor, aclare y haga coherente la comprensión y el papel de la integridad pública más allá del estricto cumplimiento de la ley.

Además, la posición institucional de la SIP dentro de la Presidencia del Consejo de Ministros y la Comisión de Alto Nivel Anticorrupción puede aprovecharse aún más para movilizar el compromiso político de los gobernadores, así como para facilitar el diálogo y la coordinación en esos contextos, que podrían mejorarse todavía más para promover la integridad a nivel regional (véase la sección "Mejor coordinación en el nivel nacional" en el capítulo 3).

Para estos fines, la SIP podría pensar en dar prioridad a las siguientes iniciativas de apoyo directo e indirecto a la función asesora de integridad.

- **Movilizar un compromiso de alto nivel exponiendo las razones para la integridad**: las entrevistas durante la misión investigadora y los resultados de una encuesta reciente hicieron evidente que el concepto de integridad a menudo es mal interpretado y tampoco se captan del todo sus posibles efectos y beneficios como instrumento de gestión pública, tanto por parte de los funcionarios públicos (recuadro 2.6) como de los gobernadores. Esta situación obstaculiza el apoyo y el compromiso de alto nivel necesarios para implementar la función de integridad, pero también el modelo de integridad en su conjunto. Por lo tanto, la SIP podría aprovechar actividades como las reuniones GORE para exponer los argumentos a favor de la integridad, explicar la justificación, los objetivos y las medidas concretas para implementar la Política Nacional, el modelo de integridad y la institucionalización de la función de integridad. Una actividad de ese tipo podría ser parte de una estrategia más amplia que incluya capacitación más estructurada y específica en fortalecimiento de las capacidades, recomendada para los gobernadores (véase la sección "Crear conciencia y fortalecer las capacidades de los gobernadores" en el capítulo 3).

- **Apoyar y fortalecer las capacidades del personal que trabaja en la función de integridad de las regiones**: a pesar del avance en la implementación de la función de integridad, las entrevistas durante la misión investigadora y el contexto regional más amplio enfatizaron la necesidad de que todas las regiones del Perú creen y mantengan la capacidad del personal que trabaja en la función de integridad, así como de que los apoyen en sus esfuerzos. Las iniciativas en este sentido deben tener como objetivo potenciar el papel de la función de integridad dentro del gobierno regional y la región en su conjunto, pero también —y de manera más decisiva— proporcionar orientación, conocimientos especializados e instrumentos para adoptar un enfoque basado en prioridades a fin de implementar el modelo de integridad. En particular, la Secretaría de Integridad Pública podría promover y seguir el proceso para que las regiones definan las tareas esenciales que habrán de realizarse basadas en la matriz, pero también en los respectivos componentes prioritarios del modelo de integridad, que deben aplicarse a partir de un diagnóstico inicial. En cuanto a los programas de fortalecimiento de las capacidades, mientras los destinados al personal general deben ser organizados y gestionados a nivel regional —eventualmente con el apoyo de otras entidades nacionales como SERVIR, ENAP o la Secretaría de Descentralización—, la Secretaría de Integridad Pública podría crear un programa de formación de instructores para el titular de la función de integridad que luego podría repetirse a nivel interno de manera autónoma, —tal vez en colaboración con las universidades locales y representantes locales de la asociación de municipalidades— para garantizar un conjunto mínimo coherente de las habilidades que deberán adquirirse y de las tareas que deberán realizarse a nivel regional. Esto podría llevarse a cabo en cursos de capacitación por grupos de regiones, pero también mediante actividades y material de aprendizaje electrónico de apoyo. Esto podría considerarse en la actual fase de diseño del programa de fortalecimiento de las capacidades dirigido a la función de integridad y a todos los nuevos funcionarios públicos, mediante el Módulo de Inducción a la Integridad creado por la SIP en colaboración con la ENAP. La SIP podría evaluar en qué medida la función de integridad podría apoyar que se imparta la capacitación en integridad con ejercicios prácticos e individualizados en la entidad.

- **Promover el diálogo entre las funciones de integridad:** Aunque los contextos, incluidos los mandatos, de las funciones de integridad pueden diferir de una región a otra, un mecanismo, por ejemplo, una plataforma de intranet o reuniones anuales, podrían ayudar a garantizar la coherencia, el intercambio de experiencias, las herramientas, pero también los intentos fallidos que a la larga podrían mejorar el aprendizaje mutuo y apoyar en el diseño y ejecución de las actividades y planes. Estos mecanismos también podrían asegurar el reconocimiento público de las personas o entidades que abogaran por promover la integridad a través de ideas innovadoras, como se hizo de manera similar con el galardón "Embajadores de la integridad", otorgado durante la Semana de la Integridad organizada por la SIP (CAN, s.f.[6]).

Estas actividades podrían aprovechar los conocimientos especializados acumulados hasta la fecha. Además, la SIP ya creó algunos instrumentos y orientación que podrían ser útiles para la función de integridad, como el documento de orientación para formular planes regionales anticorrupción (CAN, 2015[7]). Además, la SIP podría promover sinergias con otras iniciativas nacionales que privilegien las regiones, como se hizo con la Caravana de la Justicia (recuadro 3.1). Ampliar el papel de apoyo de la SIP en las regiones también requeriría recursos adicionales tanto de personal especializado como de capacidad para convocar actividades de fortalecimiento de las capacidades o de intercambio de aprendizaje.

Fortalecer las Comisiones Regionales Anticorrupción

Los límites y desafíos que caracterizan la implementación del modelo de integridad en los gobiernos regionales del Perú también repercuten en los esfuerzos más amplios que se realizan para establecer los sistemas de integridad pública a nivel regional que, en términos generales, siguen inacabados (véase la sección "Comisiones Regionales Anticorrupción" en el capítulo 2).

Como se ilustra, Perú decidió crear las Comisiones Regionales Anticorrupción (CRA), al reconocer la importancia de llegar a las regiones como parte de su política nacional. De modo similar al papel de la Comisión de Alto Nivel Anticorrupción a nivel nacional, estas comisiones se proponen articular iniciativas, coordinar acciones y proponer políticas para prevenir y combatir la corrupción entre los interesados pertinentes de los sectores público y privado, en coordinación y coherencia con los esfuerzos nacionales más amplios. De este modo, las CRA pueden garantizar en última instancia la aplicación de la Política Nacional Anticorrupción.

Disminuir las debilidades subyacentes y establecer procesos clave para que la Comisión Regional Anticorrupción cumpla su propósito

Aunque el diseño de estos mecanismos de coordinación regional es potencialmente capaz de solventar los problemas y riesgos regionales, la experiencia ha demostrado que hasta ahora las CRA tienen un avance y efecto limitados. De hecho, no todos los gobiernos regionales tienen una CRA activa o han nombrado una Secretaría Técnica. Además, entre las CRA que están activas, algunas no han aprobado el reglamento interno y muchas siguen sin tener un plan (cuadro 2.2, arriba).

En los casos de las CRA que han avanzado en algunos elementos de las funciones asignadas, las entrevistas sugieren que esto depende en su mayor parte del compromiso personal de los miembros y de la secretaría técnica, o de ambos. Aunque el principio inicial para crear estas Comisiones es loable al reunir a las distintas instancias responsables de la integridad, es necesario efectuar reformas para que las CRA sean más eficaces y viables, sin que solo tengan que depender de la voluntad política y del apoyo de los titulares de las entidades que las conforman.

Entre las principales debilidades pueden citarse la falta de institucionalización de estos espacios, los bajos niveles de participación de sus miembros, las limitaciones de las secretarías técnicas; y la carencia de un trabajo más coordinado con la secretaría técnica de la CAN, función que ahora realiza la SIP (Defensoria del Pueblo, 2018[8]). Durante las entrevistas con expertos y la misión investigadora se confirmó esta situación y se hizo patente cómo los principales impedimentos para su éxito se relacionan sobre todo con los limitados recursos y capacidad para apoyar el trabajo técnico, pero también con la falta de atención a las prioridades y los procesos en riesgo, así como el predominio de la dinámica política local y el conflicto entre los miembros.

A fin de garantizar que las CRA puedan desempeñar su papel y tener el efecto para el cual fueron creadas, habría que reforzar varios elementos y superar las debilidades subyacentes.

En primer lugar, analizar los resultados y actividades de las CRA; opiniones de expertos confirmaron que estas Comisiones tienden a centrarse en cuestiones políticas y legales (relacionadas con la aplicación de la ley), omitiendo evaluar y atender los riesgos de corrupción y los sectores en riesgo en todas las actividades y procesos de la administración pública regional, como la contratación pública y los ciclos presupuestarios. Para fortalecer dicho enfoque basado en riesgos, las Comisiones Regionales Anticorrupción podrían pensar en incluir —como invitados o miembros permanentes— a otras instancias regionales que supervisen procesos y riesgos clave, por ejemplo, las oficinas descentralizadas del OSCE o las Agencias Regionales de Desarrollo que se están creando. También podrían tomarse en cuenta ideas pertinentes sobre riesgos a nivel municipal invitando a representantes locales de asociaciones municipales, como la Asociación de Municipalidades del Perú (AMPE) y la Red de Municipalidades

Urbanas y Rurales del Perú (REMURPE). Aunque la participación de otras instancias en las CRA puede ayudar al aportar nuevas ideas e interpretaciones de esos riesgos, los miembros actuales ya podrían adoptar un enfoque más basado en riesgos para cumplir con la función y tareas previstas, empezando con la elaboración del Plan Regional Anticorrupción.

En segundo lugar, apoyar la institucionalización de las CRA no solo entre las instituciones públicas, sino también entre la población; estandarizar las estructuras organizacionales y el funcionamiento de las CRA sería un paso importante. Esto también facilitaría la tarea de la Secretaría de Integridad Pública para apoyar a las CRA y permitir la comparabilidad. La SIP, por mandato de la Comisión de Alto Nivel Anticorrupción (CAN), podría elaborar un modelo de reglamento interno que se aprobaría y que también abordaría algunas de las debilidades detectadas actualmente. Por ejemplo, en Colombia el gobierno nacional formuló directrices detalladas para la Comisión Regional de Moralización que incluye un modelo de reglamento interno donde se estipulan con claridad algunos de los principales aspectos, por ejemplo, la misión, los objetivos y las actividades de la Comisión, los cargos de cada miembro, la periodicidad de las sesiones y el informe de avance. Aunque la Comisión de Alto Nivel Anticorrupción ha publicado directrices para la creación de las CRA que incluyen elementos esenciales para el reglamento interno, estas son bastante confusas. Esto ha creado una situación en la que, entre otros aspectos, la periodicidad con que debe convocarse una sesión ordinaria o extraordinaria difiere mucho de una comisión a otra. Por ejemplo, en la CRA de Ica, las sesiones ordinarias deben celebrarse cada mes, mientras que en la de Pasco no han previsto con qué frecuencia llevarlas a cabo. Conforme a la recomendación de la Defensoría del Pueblo, la CAN podría pensar en establecer un plazo razonable durante el cual deban celebrarse las sesiones ordinarias para garantizar la regularidad en las actividades de las CRA, al tiempo que se mantiene cierto nivel de flexibilidad. De este modo, también podría ser más fácil programar las sesiones, por ejemplo, a principios de año para asegurar su disponibilidad. Esto podría incluirse en el reglamento interno (Defensoria del Pueblo, 2018[8]).

En tercer lugar, un factor que en ocasiones afecta el funcionamiento de las CRA es el compromiso y disponibilidad de los titulares de las instituciones representadas en ellas. Según una encuesta de la Defensoría del Pueblo, en 35% de las CRA la ausencia de miembros en las sesiones es el principal problema para el trabajo activo y la cancelación de la sesión por falta de quórum (Defensoria del Pueblo, 2018[8]). Conforme a la recomendación de la Defensoría del Pueblo, para facilitar la asistencia de todas las instituciones a las sesiones, el reglamento interno podría incluir la posibilidad de nombrar a un representante suplente. Este representante debe ser de alto rango y estar facultado para votar en las sesiones de la CRA. Además, las ausencias sin el nombramiento de un representante deben comunicarse al público para crear una rendición de cuentas externa.

La eficacia de las CRA depende no solo del diseño de la comisión y de la representación de sus miembros en las sesiones, sino también del papel proactivo de estos para contribuir a ella, proporcionar la información necesaria y aplicar las medidas y políticas consensuadas al interior de las CRA. De no ser así, las CRA siguen siendo otro organismo oficial con poca o ninguna repercusión en las entidades y, a su vez, en los ciudadanos. De hecho, la *Recomendación del Consejo de la OCDE sobre Integridad Pública* subraya la necesidad de establecer responsabilidades en todos los niveles no solo para diseñar y dirigir el sistema de integridad, sino también para aplicar sus elementos y políticas, incluso a nivel organizacional (OCDE, 2017[9]). Para lograr que los miembros de las CRA contribuyan activamente con propuestas y sugerencias y apoyen la ejecución de las iniciativas decididas, todos los miembros de las CRA podrían nombrar un punto de contacto técnico en sus respectivas instituciones. En sí, este punto de contacto no se encargaría de la implementación, sino más bien de garantizar el apoyo continuo y la participación activa de la institución en toda actividad o iniciativa relacionada con las CRA, prepararía los debates en las CRA, proporcionaría toda la información necesaria y haría el seguimiento de los compromisos contraídos y de las tareas previstas en el Plan Regional Anticorrupción, y presentaría informes sobre el progreso logrado por la entidad respectiva. Además, los puntos de contacto podrían crear una red para el intercambio de información. El reglamento interno podría ordenar que cada miembro de las CRA nombrara un punto de contacto permanente (Defensoria del Pueblo, 2018[8]).

En cuarto lugar, la Secretaría Técnica de las CRA tiene la responsabilidad de preparar las sesiones de las CRA, ejecutar los acuerdos, así como de elaborar estudios y propuestas técnicas. Sin embargo, como se analiza en *el Estudio de la OCDE sobre Integridad en el Perú* (OCDE, 2017[10]), las secretarías técnicas de las CRA a menudo no existen o son relativamente deficientes. Esto lo confirmó un análisis reciente de la Defensoría del Pueblo, el cual detectó que, de las 25 comisiones supervisadas, 17 tenían una secretaría técnica (Defensoria del Pueblo, 2018[8]). Sin embargo, en muchos casos, tenían dificultades para cumplir con sus funciones. Entre estas cabe mencionar el trabajo de tiempo parcial, la falta de presupuesto para realizar esas tareas, la falta de capacitación y de asistencia específica que los habilite para ser más eficientes en su labor (Defensoria del Pueblo, 2018[8]). En muchos casos, la posición de la secretaría regional es cubierta por funcionarios del gobierno regional que asumen la tarea realizándola a tiempo parcial. Esto afecta la naturaleza eminentemente técnica de las secretarías y la necesidad de tener personal especializado con experiencia en integridad y combate a la corrupción. En sí, es importante crear y fomentar estas unidades técnicas. Personal de la secretaría técnica de las Comisiones Regionales Anticorrupción podrían recibir capacitación específica en Lima, se les podría impartir a nivel regional, o ambas. Además, reunir al personal de las CRA en Lima favorecería el aprendizaje interregional. Así mismo, las secretarías técnicas se beneficiarían de la elaboración de normas y procedimientos internos explícitos. Más aún, se ha identificado que la falta de presupuesto para el funcionamiento adecuado de las secretarías técnicas es uno de los problemas más importantes que enfrentan las Comisiones para realizar sus actividades. El reglamento interno de las CRA podría exigir que cada miembro de las CRA dedique un determinado presupuesto para la secretaria técnica con el fin de garantizar las operaciones y fortalecer sus capacidades (OCDE, 2017[10]).

Por último, el apoyo y orientación de la Secretaría de Integridad Pública es vital para garantizar la rendición de cuentas al nivel nacional y asegurar la homologación a través de las 25 Comisiones Regionales Anticorrupción con el nivel nacional. Desde 2017, la Secretaría de Integridad Pública apoya de manera activa a las CRA mediante visitas *in situ* y asesoría *ad hoc*. Sin embargo, para fortalecer estos trabajos, la SIP podría crear una plataforma virtual que permita el intercambio y la generación de información, tanto con la SIP como entre las comisiones regionales anticorrupción. Como se sugiere en el *Estudio de la OCDE sobre Integridad en el Perú* y aquí, esto podría ofrecer oportunidades para el aprendizaje interregional y la formulación de políticas en campos específicos, por ejemplo, para mejorar el diseño y ejecución de los planes regionales anticorrupción (OCDE, 2017[10]).

La función de integridad como la banda de transmisión entre el Gobierno Regional, la Comisión Regional Anticorrupción y la Comisión de Alto Nivel Anticorrupción para garantizar la coherencia con la política nacional

De modo similar al enfoque propuesto para el proceso de implementación del modelo de integridad en los gobiernos regionales, se recomienda seguir un método progresivo basado en prioridades que se centre en las funciones esenciales que se encomiendan a las CRA conforme a la orientación de la Comisión de Alto Nivel Anticorrupción, a saber:

- Elaborar el Plan Regional Anticorrupción.
- Hacer el seguimiento y vigilar la implementación y cumplimiento del Plan Nacional para la Lucha contra la Corrupción.
- Presentar informes semestrales a la CAN sobre el avance logrado en la implementación del Plan Regional para la Lucha contra la Corrupción.
- Proponer políticas de corto, mediano y largo plazo a nivel regional para la prevención y lucha contra la corrupción (CAN, 2016[11]).

La Directiva N° 001-2019-PCM/SIP asigna a la función de integridad el puesto de Secretaría Técnica de cualquier comisión o de otro organismo responsable de la integridad y lucha contra la corrupción. Es más, la orientación proporcionada por la CAN para crear las CRA encomienda al gobierno regional proporcionar el apoyo técnico y logístico que necesite la entidad elegida para el cumplimiento eficaz de sus responsabilidades (CAN, 2016[11]). Además de los argumentos jurídicos, se pueden agregar otros para asignar a la función de integridad el cargo de Secretaría Técnica de las CRA:

- La entidad encargada de la función de integridad en el gobierno nacional en su conjunto, que también es la rectora de la política de integridad a nivel central, es decir, la SIP, también podría ocupar el cargo de Secretaría Técnica de la Comisión de Alto Nivel Anticorrupción. Esto permite desarrollar un sistema de integridad coherente y completo en el Perú.

- La función de integridad, que es la única o uno de los pocos organismos con un mandato claro para institucionalizar la integridad a nivel regional, podría contribuir al mismo proceso dentro de las CRA. Esa institucionalización sería especialmente necesaria para enfrentar la realidad, que muy pocas CRA tienen una Secretaría Técnica dedicada de tiempo completo (cuadro 2.2), pero también para crear sistemas de integridad ajenos a la dinámica política. Este último elemento siempre es una realidad en todos los países y mucho más en las regiones de Perú y no debería ser visto como un impedimento, sino más bien como un factor estratégico que debe regirse a través de un ambiente institucional maduro compuesto por estructuras estables y resistentes (OCDE, 2017[10]).

- Al analizar más a fondo la información sobre el nivel de implementación de las CRA, las dos regiones donde la función de integridad —a través de la Oficina de Integridad Institucional— también ocupa la secretaría técnica de las CRA, se encuentran entre las que adoptaron el reglamento interno y el plan regional.

En todo caso, los gobiernos regionales —a través de la función de integridad— podrían apoyar a la secretaría técnica conforme a lo previsto por la CAN para: 1) aumentar su impacto; 2) evitar la duplicación de esfuerzos; y 3) asegurar la coherencia con la Política Nacional.

En particular la función de integridad podría aprovechar las habilidades, los instrumentos y las metodologías relacionadas con la integridad creadas en el gobierno regional y compartir las ideas pertinentes sobre las actividades y procesos administrativos para dar prioridad al siguiente trabajo de la Comisión Regional Anticorrupción:

- Basándose en la actividad de evaluación de riesgos efectuada en el seno del GORE, identificar las áreas y sectores de riesgo en las regiones con la aportación de todos los demás interesados, que es el primer paso esencial para formular el plan regional anticorrupción y elaborar toda iniciativa que se emprenda. Teniendo en cuenta la información recabada durante la misión investigadora, pero también el mandato y la función oficiales de las CRA, el riesgo debería ser el principal criterio rector del trabajo de las CRA, más que los casos específicos sometidos a control judicial.

- A partir de estas evaluaciones, centrarse paulatinamente en las actividades, políticas e iniciativas planeadas comenzando por abordar las cuestiones y sectores que se perfilen como los más expuestos al riesgo, aprovechando el trabajo existente de cualquiera de los miembros de la CRA y teniendo por objetivo producir resultados intermedios que puedan presentarse al público en general, como prueba del progreso logrado.

- Establecer un sistema de presentación de informes para supervisar anualmente las actividades e iniciativas relacionadas con el Plan Nacional.

- Actuar como banda de transmisión entre el Gobierno Regional, las CRA y la CAN para compartir buenas prácticas, informes sobre los avances logrados, pero también para solicitar apoyo o asistencia *ad hoc* cuando sea necesario en cuanto a conocimientos, asistencia técnica y apoyo político (gráfico 3.2). Este cargo también daría la oportunidad de aumentar la voz y la participación activa de los gobiernos regionales en la formulación de políticas nacionales, que se ha observado es un desafío de coordinación clave en toda la región de América Latina y el Caribe (OCDE, 2019[12]).

Gráfico 3.2. El papel de la función de integridad en el sistema regional de integridad

Dado que este papel debería aprovechar en su mayor parte las tareas que ya está efectuando la función de integridad como parte de su labor dentro de la entidad, esto no debería constituir una carga sustancial en cuanto a la cantidad de trabajo y necesidades adicionales. Sin embargo, la CAN/SIP podría considerar la posibilidad de apoyar este papel con orientación, material y asesoría uniformes dentro de la tarea de supervisión más amplia de las CRA.

Promover condiciones propicias para la integridad desde el nivel nacional

Crear conciencia y fortalecer las capacidades de los gobernadores

Como se destaca antes, en las entrevistas realizadas durante la misión investigadora se señaló el bajo de nivel de sensibilización entre los gobernadores sobre la esencia y pertinencia de la integridad pública, así como sobre su potencial como instrumento de gestión pública. Esta situación también afecta la aplicación del modelo de integridad, cuyo componente número uno es el "compromiso de la alta dirección" y el consiguiente apoyo necesario de los gobernadores a la función de integridad en cuanto a legitimidad, visibilidad y recursos.

En este sentido, la Secretaría de Integridad Pública podría apoyar la movilización del compromiso de alto nivel, al mostrar y exponer las razones para la integridad durante actividades como las reuniones GORE Ejecutivo. De modo parecido, la Presidencia del Consejo de Ministros —a través de la Secretaría de Descentralización y la SIP, y con el apoyo de la Asamblea Nacional de Gobiernos Regionales— podría promover la organización de una reunión GORE Integridad anual, similar al modelo de GORE Digital, cuya primera reunión se celebró en octubre de 2019 en Cajamarca con una sesión dedicada a la integridad.

Además de estos esfuerzos, también se recomienda impartir capacitación *ad hoc* a los gobernadores (y posiblemente a los asesores más cercanos) mediante un curso de inducción sobre integridad pública, al principio de su mandato, para mostrar los elementos jurídicos que deben acatar los gobiernos regionales; pero también, y lo más importante, para transmitir un mensaje sencillo y coherente sobre los vínculos entre la integridad y las principales funciones, responsabilidades y prioridades de los gobiernos regionales, incluso cómo puede beneficiarse la entidad al establecer un sistema regional de integridad, y cómo lo pueden crear gradualmente basándose en la capacidad, recursos y riesgos de la entidad. Un módulo de ese tipo podría incluirse en los programas futuros de los cursos de inducción, similares a los que impartió la Secretaría de Descentralización a los alcaldes electos en 2018, que se ha previsto vuelvan a impartirse e institucionalizarse en un momento dado (recuadro 3.2).

Recuadro 3.2. Programa de inducción a la gestión para autoridades locales en Perú

El programa de inducción a la gestión para las autoridades locales comprendió la planeación y diseño de diversos talleres que se impartieron en todo el país entre noviembre y diciembre de 2018.

El diseño, organización y desarrollo de los talleres requirió la movilización coordinada de un conjunto de instancias: funcionarios de la Secretaría de Descentralización de la PCM, responsables de todo el programa, la Escuela Nacional de Administración Pública, ENAP-SERVIR, encargados del diseño pedagógico, que acudieron a las 25 regiones para acompañar a los grupos de trabajo, supervisar la realización de los talleres, apoyar la dinámica de capacitación y supervisar la ejecución logística. Del mismo modo, se contrató a una universidad para que elaborara las actividades de capacitación del primer día del programa de inducción, que proporcionó catedráticos, facilitadores y personal logístico.

Asimismo, en respuesta a un anuncio de la Presidencia del Consejo de Ministros, funcionarios de 12 ministerios además de la Contraloría General de la República, el Organismo Supervisor de las Contrataciones del Estado (OSCE) y el Banco de la Nación se desplazaron a las regiones para facilitar los espacios de capacitación del segundo día y participar en una feria informativa, o ambas. El presidente de la República participó en la inauguración y clausura, o en ambas, de los talleres en siete regiones; el presidente del Consejo de Ministros hizo lo mismo en seis y en las regiones restantes participó al menos un ministro de estado.

La actividad contó con la participación de 1 372 alcaldes electos de todo el territorio. Una encuesta demostró su satisfacción y la utilidad del programa.

La experiencia del programa de inducción es un trabajo innovador y hasta ahora, único en su género, para reunir a los representantes de los gobiernos locales, ponerlos en diálogo con funcionarios de los sistemas administrativos del Estado y concebir procesos de capacitación. La rica experiencia generada, que se tradujo en lecciones aprendidas, permitirá su repetición, y en un momento dado, su institucionalización.

Fuente: GIZ Evaluation Report.

En este contexto, Perú podría considerar también el programa de capacitación obligatorio organizado para gobernadores y alcaldes electos en Colombia para promover la coordinación de los planes de gobierno de las administraciones locales entrantes con el Gobierno Nacional y el Plan Nacional de Desarrollo. Este programa también es apoyado por Espacio Virtual de Asesoría (EVA), en el que los servidores públicos, incluidos gobernadores y alcaldes, pueden solicitar información y recibir orientación sobre las diferentes políticas promovidas por la entidad.

Recuadro 3.3. Seminarios de inducción para gobernadores y alcaldes electos en Colombia

La Escuela Superior de Administración Pública (ESAP), institución universitaria pública de Colombia, organiza y dirige seminarios de inducción a la administración pública para los gobernadores y alcaldes elegidos. Cada cuatro años, durante una semana antes de tomar posesión, todos los gobernadores y alcaldes del país se reúnen en Bogotá para recibir orientación sobre distintos temas de la administración pública. La asistencia a esos seminarios es obligatoria y es uno de los requisitos para asumir el cargo (Artículo 31, Ley 489 de 1998).

También participan representantes de diversas instituciones gubernamentales en ese espacio para instruirlos directamente sobre temas como planeación estratégica, compras eficientes, gestión financiera, cooperación internacional, entre otros. En la última edición del seminario, el presidente de Colombia, el Ministro de Posconflicto, el Alto Comisionado para la Paz, entre otros, participaron impartiendo charlas sobre temas estratégicos para el país. Además de esas charlas generales, los gobernadores y alcaldes participaron en talleres específicos para sus regiones y municipalidades.

Estos seminarios son parte de la estrategia denominada Elijo saber: candidatos formados, gobiernos exitosos, dirigida por la ESAP, el Departamento Nacional de Planeación, y el Departamento Administrativo de la Función Pública (FP), con el apoyo de varias entidades, entre ellas la Procuraduría General de la Nación, el Ministerio de Tecnologías de la Información y Comunicaciones y el Consejo Nacional Electoral. Conforme a esta estrategia, los candidatos a gobernador y alcalde reciben capacitación virtual y presencial en temas relacionados con el régimen político electoral, la gestión del desarrollo territorial y la gestión pública local.

Además, como parte de las actividades que promueve el Gobierno Nacional para apoyar la gestión del desarrollo territorial, el FP tiene un Espacio Virtual de Asesoría (EVA), donde los servidores públicos, incluso gobernadores y alcaldes, pueden solicitar información y recibir orientación sobre las distintas políticas que promueve la entidad, incluso empleo público, participación ciudadana y transparencia, estructura organizacional, entre otras.

Fuente: Departamento Administrativo de la Función Pública (2015), En Bogotá avanza capacitación a Gobernadores y Alcaldes electos de todo el país en el marco de la estrategia Elijo Saber, https://www.funcionpublica.gov.co/web/guest/noticias/-/asset_publisher/mQXU1au9B4LL/content/en-bogota-avanza-capacitacion-a-gobernadores-y-alcaldes-electos-de-todo-el-pais-en-el-marco-de-la-estrategia-elijo-saber?from=2017/04; Federación Colombiana de Municipios (2015), A través de la estrategia elijo saber se capacitará a ciudadanos de todo el país, https://www.fcm.org.co/?p=2984, consultado en septiembre de 2019.

Por último, deben continuar los esfuerzos para vigilar el entorno ético entre los funcionarios públicos a nivel regional, como lo hizo recientemente SERVIR, ya que la evolución de los resultados a lo largo del tiempo es un indicador valioso del compromiso de alto nivel junto con una interpretación más amplia de las deficiencias y problemas para establecer una cultura de integridad en las entidades regionales, incluida la percepción de que los altos directivos no acatan la política de conflictos de interés (recuadro 2.6).

Mejor coordinación en el nivel nacional

Teniendo en cuenta el modelo administrativo descentralizado del Perú y la consiguiente influencia de varias instancias nacionales en los gobiernos regionales y sus sistemas de integridad, los mecanismos coordinados nacionalmente pueden proporcionar un apoyo complementario a la función y al ecosistema de integridad a nivel regional. Al hacerlo, estos mecanismos podrían asegurar que se eviten las deficiencias y superposiciones entre las iniciativas de diferentes instancias, garantizando así una mayor eficiencia y efecto.

A través de la Comisión de Alto Nivel Anticorrupción

La Comisión de Alto Nivel Anticorrupción (CAN) es el mecanismo de coordinación anticorrupción del Perú creado en virtud de la Ley N° 29976 y su reglamento en el Decreto N° 089-2013-PCM, que también resume el mandato y responsabilidades de la CAN. La CAN está formada por instituciones públicas y privadas y la sociedad civil, y coordina los trabajos y actividades de lucha contra la corrupción entre las instituciones y los niveles de gobierno. Entre sus miembros figura el presidente de la Asamblea Nacional de Gobiernos Regionales, y sus responsabilidades incluyen apoyar la implementación de las Comisiones Regionales Anticorrupción y coordinar con ellas la ejecución de la Política y el Plan Nacionales.

A fin de mejorar el cumplimiento de esas responsabilidades en aras de las regiones, la CAN podría considerar algunas prioridades que surgen de la evaluación del *Estudio de la OCDE sobre Integridad Pública en el Perú* (OCDE, 2017[10]) y de los desafíos identificados en la sección "Fortalecer las Comisiones Regionales Anticorrupción" en el capítulo 3. En la implementación de esas iniciativas, teniendo en cuenta el papel decisivo contemplado para la función de integridad en una perspectiva regional más amplia, pero también el papel de la SIP al interior de la CAN, deberán desarrollarse de manera coherente y complementaria con la actividad de apoyo de la SIP para las funciones de integridad de las regiones. Éstas son:

- La Comisión de Alto Nivel Anticorrupción podría fortalecer las capacidades de las secretarías técnicas de las CRA mediante una estrategia centrada en el desarrollo de capacidades. Personal de la secretaría técnica de las CRA podría recibir capacitación específica en Lima, con sesiones adicionales que se organizarían a nivel macrorregional para abordar los desafíos locales. Estas actividades deberían privilegiar los aspectos operativos del funcionamiento de la CRA, incluida la evaluación de riesgos, el establecimiento de prioridades, la planeación y los procedimientos internos. Según el área o aspecto que se aborde, la SIP coordinaría estas actividades con la colaboración de distintos miembros de la CAN, dependiendo del tema o área.

- Para garantizar la coherencia y transferencia de conocimientos entre los niveles nacional y regional, podría institucionalizarse un mecanismo de coordinación eficaz que aproveche las herramientas y plataformas informáticas entre la Comisión de Alto Nivel Anticorrupción y las Comisiones Regionales Anticorrupción. Como se ha expuesto antes, la función de integridad podría desempeñar un papel más importante como la banda de transmisión de la integridad entre los niveles nacional y regional, incluso al interior de la CAN (véase la "Fortalecer las Comisiones Regionales Anticorrupción" en el capítulo 3). Además, la CAN podría fomentar aún más iniciativas en materia de tecnologías de la información, como la plataforma en Internet para presentar información sobre el avance o indicadores de integridad pública a fin de facilitar el control social y la evaluación comparativa (*benchmarking*), que actualmente se está desarrollando, pero aún no se ha puesto en marcha.

- Un mecanismo ayudaría a asegurar el intercambio de información y experiencias entre las regiones para mejorar el aprendizaje mutuo —especialmente entre las que tengan un contexto económico similar— sobre riesgos, logros y temas prioritarios, por ejemplo, empezando con el diseño y ejecución de los planes regionales anticorrupción. Por un lado, esto podría ser parte de una plataforma intranet que está poniendo en marcha la CAN; por el otro, las actividades de fortalecimiento de las capacidades propuestas anteriormente podrían incluir sesiones especiales para aprendizaje mutuo. Respecto al contenido, estos mecanismos deberían centrarse en las prioridades y desafíos comunes, pero también en problemas transregionales que solo pueden resolverse mediante una mayor cooperación. De modo similar a la propuesta hecha para las funciones de integridad, para estimular la participación activa de las CRA, este mecanismo también podría ofrecer recompensas en la forma de reconocimiento público o galardones a las "CRA campeonas" que contribuyan con historia de éxito y modelos que puedan reproducirse en otros contextos regionales.

Dentro del Ejecutivo a través de la Presidencia del Consejo de Ministros

La Presidencia del Consejo de Ministros (PCM), la principal institución en el centro del gobierno que reporta al titular del gobierno y está al servicio del titular del gobierno y el Gabinete, también podría promover trabajos de coordinación que apoyen los sistemas regionales de integridad. Como se ha expuesto, muchas de las instancias más relevantes del sistema de integridad pública de Perú — empezando con la Secretaría de Integridad Pública, pero también SERVIR y la Secretaría de la Gestión Pública— son parte de la PCM. Además, la PCM también incluye a la Secretaría de Descentralización, cuya misión es garantizar un proceso de descentralización sistemático y coherente. En sí, es indispensable que todos estos entes rectores coordinen para asegurar que la orientación y directrices expedidas en sus respectivas esferas de política pública sean coherentes, no creen superposiciones ni duplicación de esfuerzos, y que tampoco envíen señales contradictorias.

Como la PCM también se encarga de coordinar políticas y programas multisectoriales al interior del Ejecutivo, también podría promover la coordinación entre las instancias con influencia directa sobre las políticas de integridad y las principales entidades en áreas clave donde la integridad está en riesgo, como la contratación pública. En particular, podría proponer la creación de un grupo de trabajo interministerial centrado en elaborar herramientas y metodologías para apoyar la identificación y disminución de los riesgos de integridad en los procesos de adquisiciones en el nivel regional, que los expertos consideran no se han abordado suficientemente en las estrategias regionales de integridad (por ej., en el contexto de la CAN). Ese grupo podría incluir representantes del Ministerio de Finanzas (OSCE y Perú Compras), junto con entidades de la PCM como la Secretaría de Integridad Pública y la Secretaría de Descentralización. De hecho, en el Perú pueden crearse grupos de trabajo interministerial para establecer medidas que contribuyan a la aplicación adecuada de políticas públicas multisectoriales (OCDE, 2016[13]). Al mismo tiempo, el grupo podría aprovechar el último informe del OSCE, Diagnóstico y Estrategia para la Gestión de Riesgos en la Contratación Pública, que identifica 81 riesgos que afectan la eficiencia, competencia e integridad del ciclo de contratación pública (OSCE, 2020[14]).

A través de las Agencias Regionales de Desarrollo

Una iniciativa fundamental coordinada por la PCM que podría apoyar y beneficiarse a la vez de los sistemas regionales de integridad son las Agencias Regionales de Desarrollo (ARD). Las ARD son mecanismos para la coordinación intergubernamental e intersectorial de las prioridades específicas de un territorio, en las que participan instancias públicas y privadas (es decir, todos los niveles de gobierno, la empresa privada, el sector académico y la sociedad civil).

El establecimiento de las ARD es una oportunidad excelente para apoyar las metas que promueve el proceso de descentralización y, por consiguiente, para llevar beneficios a los ciudadanos y al país en su conjunto. Sin embargo, también entraña diversos riesgos de integridad relacionados con el hecho de que las ARD se encargarán de decidir las prioridades y canalizar montos considerables de fondos públicos. Por un lado, el papel central de las ARD en los procesos administrativos y decisorios regionales les permitirá supervisar la gestión de los recursos regionales y, por lo tanto, vigilar y entender las áreas y actividades de riesgo; de modo que puedan aportar ideas útiles a las CRA, especialmente en sus actividades de evaluación y elaboración de mapas de riesgo. Dependiendo de la personalidad jurídica y composición de las ARD, las Comisiones Regionales Anticorrupción incluso podrían pensar en invitarlas a las reuniones o que se incorporen como miembros. Por el otro, es esencial que las ARD cuenten con mecanismos y procesos adecuados para evitar la influencia indebida (captura de políticas públicas).

Por ejemplo, el proceso en curso para definir las prioridades y áreas para las ARD requiere aportaciones técnicas como estudios y consultoría que tendrán gran peso en la evaluación. Sin embargo, las entrevistas realizadas durante la misión investigadora destacaron que en algunos casos las personas o entidades capaces de prestar estos servicios a nivel regional son limitados en número y es frecuente que estén relacionadas con quienes participan en las comisiones encargadas de tomar decisiones relativas a la planeación de la ARD, si no es que son financiados por ellas. Esta dinámica exige diseñar y establecer Agencias Regionales de Desarrollo con las necesarias medidas de protección de la integridad que naturalmente podrían aprovechar la infraestructura y políticas de integridad regionales, y que vayan a la par de la estrategia de la OCDE para prevenir la captura de políticas públicas y promover la integridad en la toma de decisiones pública (gráfico 3.3).

Gráfico 3.3. La estrategia de la OCDE para prevenir la captura de políticas públicas y promover la integridad en la toma de decisiones pública

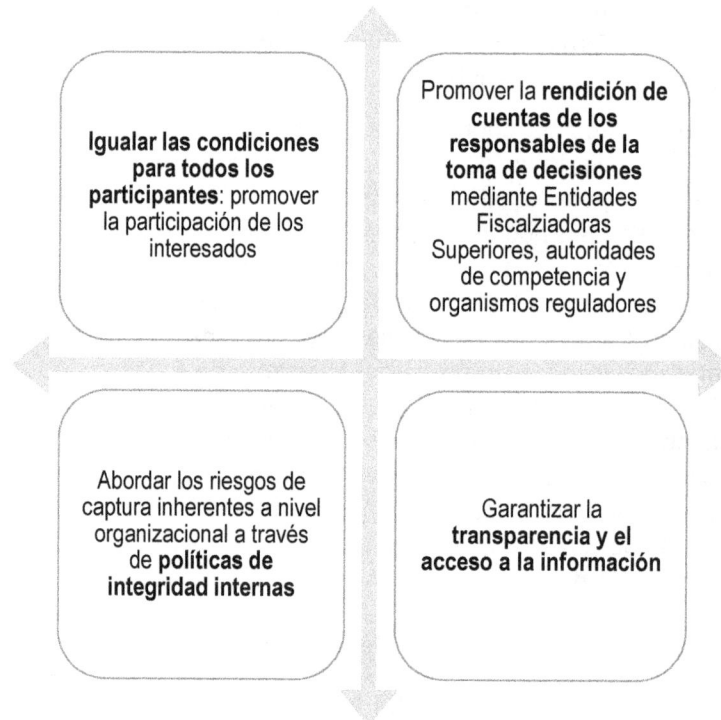

Fuente: (OCDE, 2018[15]).

Para tal efecto, la necesidad de apoyo de la PCM es doble:

- Primero, incorporar como factor dominante la integridad en las ARD encomendando a la función de integridad del Gobierno Regional la tarea de asesorarlas en la articulación y coordinación de las iniciativas de integridad pertinentes. Por lo tanto, la PCM podría movilizar a las instancias pertinentes tanto a nivel nacional como regional —incluidos los gobernadores— para apoyar y promover el valor agregado de establecer una función de integridad en los Gobiernos Regionales, así como para analizar y definir las actividades y responsabilidades más adecuadas al interior de las ARD.

- Segundo, definir políticas de integridad internas mínimas que aborden los riesgos de captura inherentes de las ARD, por ejemplo, una política de divulgación de conflictos de interés para quienes toman decisiones clave.

Teniendo en cuenta que la implementación de las ARD se lleva a cabo de manera secuencial en todas las regiones, esta intervención doble podría ponerse a prueba primero en algunas regiones donde el nivel de madurez de las ARD sea más avanzado y en las que, por lo tanto, la asesoría en integridad sería muy necesaria.

A través del Grupo de Trabajo Interministerial

El Grupo de Trabajo Interministerial temporal fue creado en 2019 con un mandato de cuatro meses para mejorar la gestión organizacional y de recursos humanos en los gobiernos regionales. De este modo, el Grupo de Trabajo respondió a las dificultades que experimentaron las entidades subnacionales —también corroborado durante la misión investigadora— para establecer estructuras organizacionales que respondan a sus necesidades y capacidades, así como para poner reglamentos en vigor y actualizar herramientas de gestión.

El Grupo de Trabajo adoptó un plan de acción que prevé la creación de un total de nueve documentos, instrumentos y programas para estandarizar, guiar y fortalecer las capacidades en gestión organizacional y recursos humanos de las entidades subnacionales. Además, el grupo de trabajo colaboró de manera bilateral con algunas entidades regionales, por ejemplo, apoyó al gobierno regional de Ucayali a actualizar su Reglamento de Organización y Funciones (ROF).

Este Grupo de Trabajo atendió importantes problemas estructurales de las regiones del Perú; sin embargo, entre los principales aspectos objeto de estudio no se incluyó a la integridad. En el futuro, sería provechoso que grupos de trabajo similares incluyeran a la SIP y consideraran a la integridad como un instrumento y valor transversal para la gestión pública y coordinaran con otras iniciativas nacionales a fin de aprovechar los trabajos existentes y amplificar el efecto de su trabajo.

Vigilancia regional y evaluación comparativa para impulsar los trabajos de integridad

Otra forma de promover y crear incentivos para poner en marcha los sistemas de integridad a nivel regional es vigilar y evaluar en forma comparativa su desempeño en "integridad" mediante índices relacionados con temas como la implementación de la función de integridad (para el gobierno) y de la Comisión Regional Anticorrupción (para la región en su conjunto).

Aunque en sentido estricto los índices son herramientas de medición, las formas en que se conciben los índices relacionados con la integridad son pertinentes para definir los estándares o elementos mínimos que se espera estén presentes en los sistemas de integridad de las instituciones públicas, incluidos los gobiernos subnacionales. También introducen un factor competitivo y ofrecen posibilidades de visibilidad tanto para el éxito como para el fracaso. Algunos de estos índices son elaborados por los gobiernos nacionales o las instituciones de control (Corea, Colombia, España o Austria) o por organizaciones de la sociedad civil (TI Colombia, o el Índice de Transparencia Europeo para las Ciudades, desarrollado por TI-Eslovaquia), o por ambos. Aunque el efecto de estos índices no es inequívoco, hay indicios de que esos índices crean un "factor de atracción" para los gobiernos locales que quieren atribuirse el mérito de la reforma, o al menos hacerlo visible.

Para que esto sea eficaz, la vigilancia debe efectuarse en forma pública y transparente, por ejemplo, mediante tarjetas de puntuación o índices. Tanto la SIP (para los gobiernos regionales) como la CAN (para las comisiones regionales anticorrupción) podrían pensar en un método similar como medio para comunicar el progreso con más facilidad a los ciudadanos y ejercer presión social y política para aplicar las reformas.

Recuadro 3.4. Vigilar el desempeño de la Comisión Anticorrupción en Colombia

El Observatorio Anticorrupción de Colombia ha creado índices compuestos sobre temas como resultados fiscales y gobierno abierto, que están disponibles por región y municipio. Esto permite al público hacer evaluaciones comparativas. Uno de los índices mide el progreso de los sistemas regionales de combate a la corrupción (Comisiones Regionales de Moralización) y evalúa su cumplimiento de la legislación, eso incluye: número de reuniones/consultas con los ciudadanos, calidad de los planes de acción, y aplicación de los elementos del plan de acción.

En el siguiente gráfico se muestran los resultados de la clasificación conforme a estos indicadores. Los resultados están disponibles en forma numérica y cartográfica, las regiones están codificadas por color según sus puntuaciones. Las regiones en rojo y amarillo están detrás de las iluminadas en verde.

Gráfico 3.4. Visualización de la clasificación

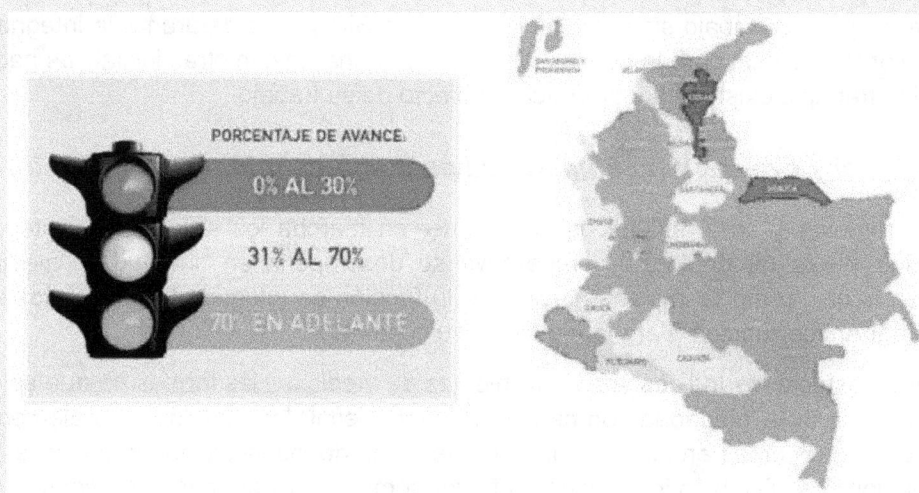

Fuente: (OCDE, 2017[16]).

Comunicación y sensibilización de toda la sociedad para que los ciudadanos y el sector privado exijan que el gobierno actúe

Uno de los valores agregados del modelo de la CAN y las CRA es que reúne a varias instituciones de los sectores público y privado y la sociedad civil para promover la coordinación y mejorar el sistema de integridad en todo el país. Sin embargo, las entrevistas realizadas durante la misión investigadora mostraron que las instancias de la sociedad desconocen relativamente los trabajos e iniciativas que se están efectuando para implementar los sistemas locales de integridad a nivel regional.

Este factor también obstaculiza el potencial pleno de la integridad pública, que no es solo un problema del sector público: las personas, la sociedad civil y las empresas moldean interacciones en la sociedad y sus actos pueden perjudicar o fomentar la integridad en sus comunidades. Así también lo afirma la *Recomendación del Consejo de la OCDE sobre Integridad Pública* que promueve un enfoque de toda la sociedad para la integridad: ya que todas estas instancias interactúan con los funcionarios públicos y desempeñan un papel decisivo al elaborar la agenda pública e influir en las decisiones públicas, además tienen la responsabilidad de promover la integridad pública. Las campañas de sensibilización, la educación y los mecanismos de consulta son tres características esenciales para comunicar externamente las normas que las instituciones peruanas podrían pensar en instituir tanto a nivel central como regional para abordar a grupos locales de personas, la sociedad civil y empresas. En este sentido, la Secretaría de Integridad Pública organizó una iniciativa en 2019, la Semana de la Integridad, que ofreció distintas tipologías de actividades abiertas (mesas redondas, presentaciones, ceremonia de premiación, maratones de programadores para desarrollo colectivo de software, películas, etcétera). Algunas de estas se organizaron fuera de Lima. El propósito de estas actividades fue reflexionar sobre los efectos de la corrupción y las formas en que los ciudadanos y otros interesados pueden contribuir a elevar los niveles de integridad pública mediante la participación activa y el reconocimiento mutuo (Presidencia del Consejo de Ministros, s.f.[17]). A partir de los resultados de estas actividades, la SIP podría formular una estrategia de comunicación para llegar a los ciudadanos en todos los niveles de gobierno. Esta estrategia podría prever diferentes actividades y canales de comunicación, involucrar a los principales interesados del gobierno, el sector privado y la sociedad civil; y ser parte de una estrategia a más largo plazo para fortalecer la integridad.

Al mismo tiempo, las Comisiones Regionales Anticorrupción —en estrecha colaboración con las universidades locales e instancias activas de la sociedad civil— podrían promover cursos de capacitación en línea sobre los beneficios sociales de temas relacionados con la integridad pública, como la cultura de la legalidad y las responsabilidades cívicas (recuadro 3.5). Podría alentarse incluso a cualquier interesado que tenga relación o interactúe con el sector público para que se inscriba y participe en este curso de aprendizaje electrónico ofreciendo incentivos para que lo finalice, como expedir un certificado que acredite es un "Ciudadano a favor de la integridad" o "Negocio a favor de la integridad" (OCDE, 2018[18]).

Recuadro 3.5. Capacitación interactiva para promover una cultura de la legalidad: Iniciativa del gobierno la sociedad civil y el sector privado de Nuevo León

La Iniciativa Hagámoslo Bien presentó un curso interactivo de capacitación en línea sobre la cultura de la legalidad. El sitio web también permite consultar herramientas en forma gratuita para ayudar a los ciudadanos de Nuevo León a reconocer los beneficios sociales de apoyar el estado de derecho en sus comunidades a fin de transformar sus ciudades. La capacitación en línea se imparte sin ningún costo. El curso ofrece una introducción a los principios de una cultura de la legalidad, una explicación sobre la importancia de dicha cultura y el papel de los ciudadanos. Describe los obstáculos y los mecanismos para crear una cultura de la legalidad en sus comunidades.

El curso también proporciona información básica a los ciudadanos sobre los principios del régimen de derecho y el papel de los ciudadanos al respetarlo y cambiar sus interacciones en la sociedad. Tras finalizar el curso, los participantes presentan un examen y al aprobarlo reciben un certificado de acreditación.

Fuente: (OCDE, 2018[18]).

Referencias

Basel Institute on Governance (2018), *Guía para la implementación participativa de un Código de Conducta*, http://gfpsubnacional.pe/wp-content/uploads/2018/12/Fortaleciendo-la-Gesti%C3%B3n-Descentraliza_final.pdf. [4]

Boehm, F. (2015), "Códigos de comportamiento para la administración pública", *Revista Digital de Derecho Administrativo*, Vol. 14, pp. 65-89. [5]

CAN (2016), *Lineamientos para la creación de Comisiones Regionales Anticorrupción*, Comisión de Alto Nivel Anticorrupción, https://can.pcm.gob.pe/wp-content/uploads/2016/07/Lineamientos-creaci%c3%b3n-de-Comisiones-Regionales-Anticorrupci%c3%b3n.pdf. [11]

CAN (2015), *Guía para la formulación de planes regionales anticorrupción pasos y cronograma*, Comisión de Alto Nivel Anticorrupción, https://can.pcm.gob.pe/wp-content/uploads/2015/08/GUIA-PARA-LA-FORMULACION-DE-PLANES-REGIONALES-ANTICORRUPCION.pdf. [7]

CAN (s.f.), *Concurso Nacional Embajadores de la Integridad 2019*, Comisión de Alto Nivel Anticorrupción, https://can.pcm.gob.pe/embajadores2019/ (consultado el 28 de mayo de 2020). [6]

Defensoria del Pueblo (2018), "Comisiones Regionales Anticorrupción: Diagnóstico y recomendaciones para mejorar su funcionamiento", *Boletín: Supervisión de Espacios Anticorrupción, Diciembre 2018 - Año I - №2*, https://www.defensoria.gob.pe/wp-content/uploads/2018/12/BOLETIN-ANTICURRUPCION.pdf (consultado el 12 de junio de 2020). [8]

National Institute of Statistics and Informatics (2020), *Perú: Percepción ciudadana sobre gobernabilidad, democracia y confianza en las instituciones*, http://m.inei.gob.pe/media/MenuRecursivo/boletines/informe_de_gobernabilidad_may2020.pdf (consultado el 6 de noviembre de 2020). [2]

OCDE (2019), *La Integridad Pública en América Latina y el Caribe 2018-2019: De Gobiernos reactivos a Estados proactivos*, OCDE, París, http://www.oecd.org/gov/integridad/integridad-publica-en-america-latina-caribe-2018-2019.htm (consultado el 25 de febrero de 2020). [12]

OCDE (2019), *Las Oficinas de Integridad Institucional en el Perú: Hacía la implementación de un sistema de integridad*, OCDE, París, http://www.oecd.org/gov/ethics/oficinas-integridad-institucional-Peru.pdf. [3]

OCDE (2018), *Contra la captura de políticas públicas: Integridad en la toma de decisiones públicas*, Estudios de la OCDE sobre Gobernanza Pública, OECD Publishing, París, https://dx.doi.org/10.1787/9789264306769-es. [15]

OCDE (2018), *Estudio de la OCDE sobre Integridad en el Estado de Nuevo León, México: Dando sostenibilidad a las reformas de integridad*, Estudios de la OCDE sobre Gobernanza Pública, OECD Publishing, París, https://dx.doi.org/10.1787/9789264306905-es. [18]

OCDE (2017), *Estudio de la OCDE sobre integridad en el Perú: Reforzar la integridad del sector público para un crecimiento incluyente*, Estudios de la OCDE sobre Gobernanza Pública, OECD Publishing, París, https://dx.doi.org/10.1787/9789264271470-es. [10]

OCDE (2017), *Estudio de la OCDE sobre integridad en México: Adoptando una postura más firme contra la corrupción*, Estudios de la OCDE sobre Gobernanza Pública, OECD Publishing, París, https://dx.doi.org/10.1787/9789264280687-es. [16]

OCDE (2017), *Recomendación del Consejo de la OCDE sobre Integridad Pública*, OECD/LEGAL/0435, https://legalinstruments.oecd.org/en/instruments/OECD-LEGAL-0435. [9]

OCDE (2016), *Estudios de la OCDE sobre Gobernanza Pública: Perú: Gobernanza integrada para un crecimiento inclusivo*, Estudios de la OCDE sobre Gobernanza Pública, OECD Publishing, París, https://dx.doi.org/10.1787/9789264265226-es. [13]

OSCE (2020), *Diagnóstico y Estrategia para la Gestión de Riesgos en Contratación Pública*, Organismo Supervisor de las Contrataciones del Estado, https://cdn.www.gob.pe/uploads/document/file/1038474/Diagn%C3%B3stico_y_Estrategia_p ara_la_Gestion_de_Riesgos_en_Contrataci%C3%B3n_P%C3%BAblica.pdf (consultado el 29 de septiembre de 2020). [14]

Presidencia del Consejo de Ministros (s.f.), *Semana de la Integridad 2019*, https://www.gob.pe/institucion/pcm/campa%C3%B1as/578-semana-de-la-integridad-2019 (consultado el 5 de mayo de 2020). [17]

Shack, Pérez and Portugal (2020), "Cálculo del tamaño de la corrupción y la inconducta funcional en el Perú: Una aproximación exploratoria. Documento de Política en Control Gubernamental", Contraloría General de la República, Lima, Perú, https://doc.contraloria.gob.pe/estudios-especiales/documento_trabajo/2020/Calculo_de_la_Corrupcion_en_el_Peru.pdf (consultado el 6 de noviembre de 2020). [1]

4 Recomendaciones para implementar sistemas de integridad en las regiones del Perú

Este capítulo ofrece una visión general de las acciones propuestas en el informe para implementar, en el Perú, sub-sistemas de integridad a nivel regional. Las recomendaciones se organizan en dos cuadros. Un cuadro incluye las recomendaciones destinadas a mejorar la integridad en los gobiernos regionales, en particular a través de la función de integridad. El segundo cuadro resume las recomendaciones relacionadas con el fortalecimiento de las Comisiones Regionales Anticorrupción (CRA). Para cada recomendación, los cuadros aclaran los actores responsables y, cuando sea pertinente, aquellos con los que debería establecerse una coordinación.

La *Recomendación del Consejo de la OCDE sobre Integridad Pública* (OCDE, 2017[11]) subraya la necesidad de establecer un sistema de integridad basado en riesgos en todos los niveles de gobierno para fortalecer la integridad y prevenir la corrupción de manera eficaz. Aunque la coordinación es decisiva, también es vital que el sistema de integridad refleje los desafíos y oportunidades específicas de la integridad. En principio, crear las Comisiones Regionales Anticorrupción (CRA) y establecer la función de integridad en los gobiernos regionales tienen potencial para abordar los riesgos de corrupción y los desafíos de integridad a nivel regional en coordinación con el nivel nacional. Sin embargo, es necesario esforzarse más para consolidar a las CRA e institucionalizar la función de integridad para, en última instancia, promover eficazmente la integridad y combatir la corrupción en el nivel regional.

Cuadro 4.1. Resumen de las principales recomendaciones para la integridad y la función de integridad en el gobierno regional en términos generales

Recomendación	Instancia responsable
Fortalecer en los Gobiernos Regionales un enfoque estratégico para la integridad basado en evidencia, en coordinación con la Secretaría de Integridad Pública, podría involucrar: 1. Identificar prioridades a partir de un instrumento de diagnóstico que evalúe las fortalezas y debilidades internas, así como las oportunidades y amenazas externas del gobierno regional (también conocido como análisis FODA); y 2. Sustentado en el diagnóstico, elegir las prioridades para fortalecer la integridad, determinar la entidad o unidad responsable de definir un plan para implementar esas prioridades y elaborar indicadores para supervisar los avances en ese rubro.	Gobiernos Regionales en colaboración con la Secretaría de Integridad Pública
Responder a las oportunidades y desafíos específicos en cada región, mediante el diseño de un método progresivo para la implementación de la función de integridad. Las regiones se clasificarían conforme a los siguientes aspectos: • **tamaño**, que también podría utilizarse como valor sustituto del nivel de capacidades institucionales, recursos disponibles y apoyo necesario • **niveles de riesgo de integridad** exógenos o ambientales y tipologías de cada región. Las tareas propias del ejercicio de la función de integridad deberían relacionarse, como mínimo, con la evaluación de riesgos, la política de integridad y la vigilancia de la implementación del modelo de integridad.	Secretaría de Integridad Pública (elaborar un método progresivo en coordinación con los gobiernos regionales)

Para incorporar eficazmente a la integridad como un aspecto dominante, la función de integridad en los gobiernos regionales debe articular y contribuir a implementar los distintos componentes del modelo de integridad, desempeñando las siguientes funciones:
• Liderazgo en:
  - Estrategia de la entidad
  - Supervisión del modelo de integridad
  - Vigilancia
• Asesoría/apoyo para:
  - Gestión de riesgos
  - Capacitación
  - Control disciplinario
  - Implementación del Código de Ética
• Coordinar las denuncias con
  - Secretaría Técnica de Procedimientos Administrativos Disciplinarios
  - Ministerio Público
  - Órgano de Control Institucional
	Responsables de la función de integridad en los gobiernos regionales

Apoyar la función de integridad. La SIP podría aumentar a escala el apoyo directo e indirecto a la vez, al: • Movilizar un compromiso de alto nivel al exponer las razones para la integridad, por ejemplo, durante actividades como el GORE Ejecutivo. De modo parecido, la Presidencia del Consejo de Ministros —a través de la Secretaría de Descentralización y la SIP, y con el apoyo de la Asamblea Nacional de Gobiernos Regionales— podría promover la organización de una reunión GORE Integridad anual, similar al modelo de GORE Digital. • Apoyar y fortalecer las capacidades del personal que labora en la función de integridad en las regiones, mediante talleres de capacitación por grupos de regiones, además de material y actividades de aprendizaje electrónico. • Promover el diálogo entre los responsables de implementar las funciones de integridad mediante una plataforma intranet o reuniones anuales, para asegurar la coherencia, el intercambio de experiencias, el aprendizaje mutuo y el apoyo para diseñar y poner en práctica las actividades y planes.	Secretaría de Integridad Pública
Crear conciencia entre los Gobiernos Regionales. La SIP podría ofrecer capacitación ad hoc a los gobernadores (y posiblemente a los asesores más cercanos) mediante cursos de inducción sobre integridad pública al principio de	SIP en coordinación con la Secretaría de

Recomendación	Instancia responsable
su mandato.	Descentralización
Al proporcionar pruebas valiosas sobre la integridad, deben continuarse los esfuerzos para vigilar el entorno ético entre los funcionarios públicos en el nivel regional.	SERVIR en coordinación con la SIP
Garantizar la coherencia y transferencia de conocimientos entre los niveles nacional y regional, mediante un mecanismo de coordinación eficaz que aproveche las herramientas y plataformas informáticas entre la Comisión de Alto Nivel Anticorrupción (CAN) y el nivel regional, concretamente, las Comisiones Regionales Anticorrupción y los responsables de la función de integridad para contribuir a su institucionalización. Esto también podría incluir una plataforma en Internet para presentar información sobre el avance o indicadores de integridad pública para facilitar el control social y la evaluación comparativa.	Comisión de Alto Nivel Anticorrupción
La Presidencia del Consejo de Ministros podría dirigir los trabajos para promover la coordinación sobre integridad entre las instancias del Ejecutivo con influencia directa sobre las políticas de integridad y las principales entidades en áreas clave donde la integridad está en riesgo, como la contratación pública. Podría proponer la creación de un grupo de trabajo interministerial centrado en elaborar herramientas y metodologías para apoyar la identificación y disminución de los riesgos de integridad en los procesos de adquisiciones en el nivel regional. Ese grupo podría incluir representantes del Ministerio de Finanzas (OSCE y Perú Compras), junto con entidades de la PCM como la Secretaría de Integridad Pública y la Secretaría de Descentralización. Al mismo tiempo, el grupo podría aprovechar el último informe del OSCE, Diagnóstico y Estrategia para la Gestión de Riesgos en la Contratación Pública, que identifica 81 riesgos que afectan la eficiencia, competencia e integridad del ciclo de contratación pública.	PCM en colaboración con el OSCE y Perú Compras
Promover la integridad en las Agencias Regionales de Desarrollo. La Presidencia del Consejo de Ministros podría probar en forma experimental el siguiente enfoque: 1. Encomendar a los responsables de la función de integridad del Gobierno Regional la tarea de asesorar a las ARD para que articulen y coordinen las iniciativas de integridad pertinentes. 2. Definir políticas de integridad internas mínimas que aborden los riesgos inherentes de captura de las ARD, por ejemplo, una política de divulgación de conflictos de interés para quienes toman decisiones clave.	PCM con colaboración con Gobiernos Regionales
Promover y crear incentivos para implementar los sistemas de integridad a nivel regional. La SIP podría diseñar mecanismos de supervisión y evaluaciones comparativas regionales para el desempeño de integridad de los gobiernos regionales mediante índices relacionados con temas como la implementación de la función de integridad (para el gobierno) y de las Comisiones Regionales Anticorrupción (para las regiones en su conjunto). De este modo, también se podría dar a conocer el progreso a los ciudadanos y se podría crear presión política y social para implementar reformas en el caso de regiones rezagadas.	Secretaría de Integridad Pública

Cuadro 4.2. Resumen de las recomendaciones para las Comisiones Regionales Anticorrupción

Recomendación	Instancia responsable
Fortalecer la adopción de un enfoque basado en riesgos. Las Comisiones Regionales Anticorrupción podrían pensar en incluir —como invitados o miembros permanentes— a otras instancias regionales que supervisen procesos y riesgos clave, por ejemplo, las oficinas descentralizadas del OSCE o las Agencias Regionales de Desarrollo. Además, también podrían tomarse en cuenta ideas pertinentes sobre riesgos a nivel municipal invitando a representantes locales de asociaciones municipales, como la Asociación de Municipalidades del Perú (AMPE) y la Red de Municipalidades Urbanas y Rurales del Perú (REMURPE).	Comisiones Regionales Anticorrupción
Apoyar la institucionalización de las CRA no solo entre las dependencias públicas, sino también entre la población, para que las estructuras organizacionales y el funcionamiento de las CRA puedan estandarizarse. La SIP, en su función de brindar apoyo técnico a la Comisión de Alto Nivel Anticorrupción (CAN), podría elaborar un modelo de reglamento interno que cada CRA apruebe. Además, la CAN podría pensar en establecer un periodo razonable durante el cual se celebren sesiones ordinarias para garantizar la regularidad de las actividades de las CRA.	SIP y Comisión de Alto Nivel Anticorrupción
Facilitar la presencia de todas las instituciones en las sesiones. El reglamento interno podría incluir la posibilidad de nombrar a un representante suplente. Este representante debe ser de alto rango y estar facultado para votar en las sesiones de la CRA. Además, las ausencias sin el nombramiento de un representante deben comunicarse al público para crear rendición de cuentas externa.	Secretaría de Integridad Pública y Comisiones Regionales Anticorrupción
En el reglamento interno se podría ordenar que cada miembro de la CRA nombre un punto de contacto permanente para atraer a los miembros de la CRA a fin de que contribuyan activamente con propuestas y sugerencias. El punto de contacto sería el responsable de preparar los debates en la CRA, proporcionar toda la información necesaria, hacer el seguimiento de los compromisos contraídos y de cualquier tarea prevista en el Plan Regional Anticorrupción, e informar el progreso realizado por la entidad respectiva. Además, los puntos de contacto podrían crear una red para el intercambio de información.	SIP Secretaría de Integridad Pública
Fortalecer las capacidades. La SIP podría capacitar personal de la secretaría técnica de las Comisiones Regionales Anticorrupción. Los esfuerzos podrían ser apoyados por los miembros de la CAN. Estas actividades de capacitación deben centrarse en los aspectos operativos del funcionamiento de la CRA, incluida la evaluación de riesgos, el establecimiento de prioridades, la planeación y los procedimientos internos.	SIP (en colaboración con miembros de la CAN)

Recomendación	Instancia responsable
Proporcionar a las Comisiones Regionales Anticorrupción los recursos financieros adecuados. El reglamento interno de las CRA podría exigir que cada miembro de las CRA dedique un determinado presupuesto para la secretaria técnica con el fin de garantizar las operaciones y fortalecer sus capacidades.	Secretaría de Integridad Pública en coordinación con las CRA
Contemplar el intercambio y generación de información, a través de una plataforma virtual para las CRA. Esto podría ofrecer oportunidades para el aprendizaje interregional y la formulación de políticas en campos específicos, por ejemplo, mejorar el diseño y ejecución de los planes regionales anticorrupción.	Secretaría de Integridad Pública
El responsable de la función de integridad podría asumir el cargo de secretario técnico de las CRA, asegurando la coordinación entre la CRA y el gobierno regional.	Comisiones Regionales Anticorrupción
Crear conciencia sobre la integridad y el mandato de las CRA. Las Comisiones Regionales Anticorrupción —en estrecha colaboración con las universidades locales e instancias activas de la sociedad civil— podrían promover cursos de capacitación en línea sobre los beneficios sociales de temas relacionados con la integridad pública, como la cultura de la legalidad y las responsabilidades cívicas.	Comisiones Regionales Anticorrupción
Promover y crear incentivos para implementar los sistemas de integridad a nivel regional. La Comisión de Alto Nivel Anticorrupción podría elaborar un índice que mida el desempeño de las CRA. De este modo, también se podría dar a conocer el progreso a los ciudadanos y crear presión política y social para implementar reformas en el caso de regiones rezagadas.	Comisión de Alto Nivel Anticorrupción

Referencias

OCDE (2017), *Recomendación del Consejo de la OCDE sobre Integridad Pública*, OECD/LEGAL/0435, https://legalinstruments.oecd.org/en/instruments/OECD-LEGAL-0435.   [1]

Anexo A. Funciones de integridad existentes en el Perú a nivel regional

Cuadro A A.1. Nivel de implementación de la función de integridad a nivel regional y sus características

	Organismo ejecutor	Instrumento para implementar la función de integridad	Actividades asignadas por los instrumentos de aplicación
Amazonas	Departamento de Recursos Humanos	Resolución Regional (2019)	• Recibir las denuncias sobre acusaciones de corrupción y que contengan una solicitud de protección de denunciantes. • Evaluar los hechos, documentar las acusaciones con justificantes y adoptar medidas de protección para los denunciantes o testigos. • Evaluar si la denuncia se presenta de mala fe y tomar las medidas consecuentes. • Remitir la denuncia y los documentos justificantes a la Secretaría Técnica para proceso disciplinario o al Ministerio Público. • Coordinar las actividades de fortalecimiento de las capacidades con el Departamento de Recursos Humanos. • Dirigir, participar y hacer el seguimiento del proceso para adoptar el plan anticorrupción de los GORE.
Cajamarca	Grupo de trabajo permanente en la Gerencia General Regional compuesto por: • Gerente General Regional • Departamento de Recursos Humanos • Secretario General • Asesor de la Gerencia General Regional	Resolución Regional (2020)	Los de la Resolución No. 1-2019-PCM/SIP.
La Libertad	Unidad funcional en la Gerencia General Regional	Resolución Regional (2018)	• Coordinar acciones entre la CRA y las unidades anticorrupción de las instituciones regionales. • Formular, proponer, implementar y supervisar mecanismos, reglamentos y directrices de lucha contra la corrupción en el Gobierno Regional, así como fomentar acciones en materia de transparencia, acceso a la información, ética e integridad institucional.

Organismo ejecutor	Instrumento para implementar la función de integridad	Actividades asignadas por los instrumentos de aplicación
		• Participar en la formulación, ejecución y evaluación del plan anticorrupción del Gobierno Regional. • Recibir y tramitar denuncias de los funcionarios públicos del Gobierno Regional o de terceros, garantizando la confidencialidad de la información. • Evaluar y verificar la veracidad de los actos que motivan las denuncias. • Promover mecanismos e incentivos administrativos que contemplen una cultura organizacional ética y transparente. • Promover actividades de sensibilización en coordinación con la Gerencia General Regional y la subdirección de Recursos Humanos. • Proponer y definir incentivos administrativos para quienes detecten y denuncien un acto de corrupción. • Remitir los informes sobre corrupción a las autoridades competentes encargadas de la responsabilidad administrativa o penal. • Coordinar la preparación de audiencias públicas para presentar medidas anticorrupción. • Gestión y mantenimiento del Portal de Transparencia. • Otras funciones, dadas por reglamento o asignadas por el gobierno regional.
Lambayeque	Oficina Regional de Integridad Institucional	Modificación al Reglamento de Organización y Funciones	• Promover la ética en la administración pública y proponer instrumentos para enfrentar los riesgos de corrupción en la gestión pública regional. • Diseñar y proponer políticas y procedimientos para mejorar la gestión financiera pública. • Proponer mecanismos y documentos técnico-normativos para la aplicación de la entidad, a fin de asegurar la aplicación de normas nacionales dictadas conforme al sistema funcional de integridad y lucha contra la corrupción. • Elaborar indicadores de integridad y lucha contra la corrupción que faciliten la supervisión y adopción de políticas públicas. • Diseñar, dirigir el proceso conducente a la aprobación, y dar seguimiento al cumplimiento del plan regional de integridad y la lucha contra la corrupción en la gestión pública regional. • Elaborar informes periódicos sobre el cumplimiento, la calidad y accesibilidad de la información pública disponible en los sitios web, y el portal oficial de transparencia, de los distintos organismos con respecto a las obligaciones impuestas por ley en el área de transparencia • Recibir y orientar la correcta tramitación de las denuncias presentadas por una persona natural o jurídica, sobre presuntos actos irregulares o incumplimiento de las obligaciones cometidos por un empleado o funcionario de la entidad. • Participar en la organización y actividades de la comisión regional anticorrupción de Lambayeque, constituyendo la secretaría técnica de este espacio de consulta. • Promover la creación y funcionamiento de un sistema interno para combatir la corrupción en la administración pública regional. • Promover y coordinar con la oficina de recursos humanos de la entidad, la capacitación de personal en temas relacionados con la probidad en el ejercicio del servicio público y la aplicación de valores y transparencia que garanticen un mejor servicio a los ciudadanos.

Organismo ejecutor	Instrumento para implementar la función de integridad	Actividades asignadas por los instrumentos de aplicación
		• Promover una cultura de integridad a nivel regional a través de los organismos del sector público, el sector privado, las universidades, los medios de comunicación y la sociedad civil. • Otras funciones, dadas por reglamento o asignadas por el gobierno regional.
Piura	Unidad funcional en la Presidencia del Consejo Regional, que rinde cuentas a la Secretaría Técnica Anticorrupción	Modificación al Reglamento de Organización y Funciones (2011)	• Ejecutar las directrices de política pública aprobadas por la Comisión Regional Anticorrupción. • Coordinar la preparación y aprobación de los Planes Anticorrupción del Gobierno Regional, así como supervisar su cumplimiento. • Informar sobre las actividades de lucha contra la corrupción del Gobierno Regional en las audiencias públicas identificadas por la Comisión Regional Anticorrupción. • Contribuir a la observancia del código de ética y promover la investigación, enjuiciamiento y castigo de los actos de corrupción conocidos. • Coordinar el cumplimiento de las recomendaciones de la actividad de control. • Organizar actividades de prevención y empoderamiento de los ciudadanos. • Proponer el Plan Institucional de Lucha contra la Corrupción a corto, mediano y largo plazo. • Fortalecer el Portal de Transparencia Institucional. • Proponer procedimientos de intervención rápida para manejar las denuncias sobre actos de corrupción. • Proponer actividades y acciones educativas para potenciar los derechos de usuarios y ciudadanos. • Otras funciones que se le asignen.

Fuente: Información proporcionada por SIP.

INTEGRIDAD EN LAS REGIONES PERUANAS © OCDE 2021

www.ingramcontent.com/pod-product-compliance
Lightning Source LLC
Chambersburg PA
CBHW080339270326
41927CB00014B/3290